高等学校人力资源管理实践教学系列教材

绩效管理实训教程

孔 冬 蒋定福 主 编
江永众 兰 兰 叶晟婷 副主编

清华大学出版社
北 京

内 容 简 介

本书以基于仿真模拟的绩效管理实训教学体系为基本框架,以基于仿真模拟的绩效管理实训教学平台为依托,系统讲解了绩效管理的实务操作。本书对绩效管理工具、绩效计划、绩效监控、绩效评价、绩效反馈、绩效评价结果应用等模块的知识要点进行梳理,并重点结合基于仿真模拟的绩效管理实训教学平台对各个模块进行针对性的实训操作。在此基础上,本书以具体的案例为背景,以绩效管理的总流程为导引,借鉴人力资源管理沙盘模拟的设计理念与经营规则,对绩效管理的具体活动进行综合训练。

本书结构清晰、内容实用、图文并茂,兼具知识性和实践性,适合作为应用型高等院校以及高职高专院校人力资源管理专业的教材或教学参考书,也可作为相关从业者的自学参考书及培训教材。

本书封面贴有清华大学出版社防伪标签,无标签者不得销售。
版权所有,侵权必究。举报:010-62782989,beiqinquan@tup.tsinghua.edu.cn。

图书在版编目(CIP)数据

绩效管理实训教程/孔冬,蒋定福主编. —北京:清华大学出版社,2023.7
高等学校人力资源管理实践教学系列教材
ISBN 978-7-302-57754-6

Ⅰ.①绩… Ⅱ.①孔…②蒋… Ⅲ.①企业绩效—企业管理—高等学校—教材 Ⅳ.①F272.5

中国版本图书馆 CIP 数据核字(2021)第 050874 号

责任编辑:刘金喜
封面设计:周晓亮
版式设计:孔祥峰
责任校对:成凤进
责任印制:曹婉颖

出版发行:清华大学出版社
网　　址:http://www.tup.com.cn,http://www.wqbook.com
地　　址:北京清华大学学研大厦 A 座　　　邮　编:100084
社 总 机:010-83470000　　　　　　　　　邮　购:010-62786544
投稿与读者服务:010-62776969,c-service@tup.tsinghua.edu.cn
质 量 反 馈:010-62772015,zhiliang@tup.tsinghua.edu.cn

印 装 者:三河市人民印务有限公司
经　　销:全国新华书店
开　　本:185mm×260mm　　　印　张:13.75　　　字　数:273 千字
版　　次:2023 年 7 月第 1 版　　印　次:2023 年 7 月第 1 次印刷
定　　价:59.80 元

产品编号:086969-01

编委会

主 任
杨河清　首都经济贸易大学教授

副主任
刘　昕　中国人民大学教授
蒋定福　浙江精创教育科技有限公司总经理

委　员(按拼音排序)

陈　野	郭如平	郝　丽	何岩枫	江永众	焦永纪
孔　冬	兰　兰	李　丹	李海波	李丽萍	陆怡君
彭十一	史　洁	孙　华	田凤娟	田　辉	王小艳
吴歧林	夏　徽	叶晟婷	张晶晶	张永生	赵欢君
赵　爽	赵　瑜	周文彬			

丛 书 序

人力资源管理课程作为我国高校经济管理类本科教学中普遍开设的核心专业课之一，在教学中占有重要地位，具有很强的实践性和应用性。但是我国高校开设人力资源管理专业较晚，而且在教学等方面存在一些问题。因此，如何建设人力资源管理专业、提高人力资源管理专业实践教学质量、促进人才培养是各高校需要关注的问题。

随着中国经济调整结构、转型发展，如何深化产教融合，促进教育链、人才链与产业链、创新链有机衔接成为当前的重要课题。《国务院办公厅关于深化产教融合的若干意见》(国办发〔2017〕95号)等文件指出要进一步深化产教融合、产学合作，汇聚企业资源支持高校创新创业教育，促进高校人才培养与企业发展的合作共赢。2019年4月，教育部发布《实施一流本科专业建设"双万计划"的通知》，决定全面实施"六卓越一拔尖"计划2.0，启动一流本科专业建设"双万计划"，计划在2019—2021年建设1万个左右国家级一流本科专业点和1万个左右省级一流本科专业点。

在此背景下，国内领先的商科实践教学提供商——浙江精创教育科技有限公司组织全国高校人力资源教师，编写了全国首套人力资源实践教学系列教材。该系列教材围绕人力资源管理实践、实训教学这一条主线，以"理论+实务/技术/工具+实训系统+实训案例"的展现形式，构建了一套全新、实用、符合新时代特征的高等学校人力资源管理实践教学体系。希望该系列教材能提升高校人力资源管理专业实践教学质量，促进高校人才培养。

该系列教材以实训内容为主，涵盖人力资源管理六大模块内容，包括工作分析、人力资源规划、招聘与甄选、培训与开发、绩效管理、薪酬管理。无论是知识的广度还是深度上，力求实现专业知识理论和实务设计相结合，体现人力资源管理专业的应用性及实用性，可以满足各类本科院校、职业院校经管类专业相关课程设置的需要。系列教材图书书目及相对应的教学平台如下表所示。

序号	人力资源管理实践教学系列教材	对应教学平台
1	人力资源规划实训教程	人力资源规划专业技能实训系统
2	工作分析实训教程	工作分析专业技能实训系统
3	招聘与甄选实训教程	招聘与甄选专业技能实训系统
4	绩效管理实训教程	绩效管理专业技能实训系统
5	薪酬管理实训教程	薪酬管理专业技能实训系统
6	培训与开发实训教程	培训与开发专业技能实训系统
7	人力资源管理综合实训教程	人力资源管理智能仿真与竞赛对抗平台
8	人力资源管理沙盘模拟实训教程	人力资源管理沙盘模拟系统

该系列教材具有以下 4 点特色。

(1) 内容全面，为人力资源课程教学提供全面服务。

该系列实训教材涉及人力资源管理专业课程各方面的内容，有人力资源规划、工作分析、薪酬管理、培训与开发、招聘与甄选等内容，有助于学生夯实基础，进行更深层次的学习，无论是本专业学习者还是从事本行业的人员，都能从书中获得启发。

(2) 框架简明易懂，在内容编排上，以实战训练内容为主线。

该系列教材紧密结合学科的教学特点，由浅入深地安排章节内容，每一章分基础知识和实战训练两部分内容。基础知识有助于学生掌握本章知识点；实战训练的目的是提高学生的学习兴趣，并帮助学生及时巩固所学知识。

(3) 教材内容与教学软件相结合，便于授课与理解。

该系列教材实战训练内容有专业的教学软件，教师授课可使用相关软件，实时指导学生，不仅便于教师授课，同时也便于学生理解，减轻教师的授课压力。学生也可以根据教师的教学目标进行自我训练，快速掌握相关知识。

(4) 设计以学生发展为目标的教学过程。

该系列实训教材在编排过程中减少了理论知识的灌输，把学生的发展作为最终目标。每本教材都设立一个贴近现实的案例，让学生在较为真实的情景下学习、思考，以便更快掌握人力资源管理在实际中的操作方法。

为了方便教学，该系列教材提供专业软件学习，包括 PPT 课件、案例、解析、学习资料等内容，若读者在使用该系列教材的过程中遇到疑惑或困难，可发邮件至 476371891@qq.com。

编委会

前 言

绩效管理是企业实现战略目标、塑造核心竞争力的重要手段,在企业人力资源管理系统中处于核心地位。掌握绩效管理的理论和方法、提升绩效管理的技能和水平是人力资源管理专业学生必须具备的职业素养和职业能力。作为人力资源管理专业的核心课程,绩效管理是一门实践性和应用性都很强的课程,其实践教学越来越受到重视。如何更好地开展实践教学,一直是绩效管理课程教学中需要不断探索与解决的问题。

《绩效管理实训教程》正是我们对绩效管理教学改革与创新的成果。本教程构建了基于仿真模拟的绩效管理实训课程教学体系,以该教学体系为指导,以基于仿真模拟的绩效管理实训教学软件为依托,对绩效管理工具、绩效计划、绩效监控、绩效评价、绩效反馈、绩效评价结果应用等模块进行知识梳理与实训操作,以加深学生对相关理论与知识的理解,同时能够正确有效地开展企业绩效管理的相关工作。在此基础上以具体的案例为背景,引入人力资源管理沙盘模拟的设计理念与经营原则,将各模块串联起来对企业绩效管理活动进行系统、连贯的综合训练,使学生完整地认识与熟练操作企业绩效管理活动,做到"知行合一"。

本教程共分为8章:

第1章分析了当前绩效管理实训课程教学中存在的主要问题,构建了基于仿真模拟的绩效管理实训教学体系,全面介绍了基于仿真模拟的绩效管理实训教学平台。

第2章对绩效管理工具进行了介绍,重点对关键绩效指标、平衡计分卡、全方位考核法进行实务操作说明。

第3章对绩效计划的知识要点进行简要梳理,重点对绩效计划的制订进行实务操作说明。

第4章对绩效监控的知识要点进行简要梳理,重点对领导风格的选择、信息收集的方法、绩效沟通的内容、绩效辅导的方式进行实务操作说明。

第5章对绩效评价的知识要点进行简要梳理,重点对绩效评价的实施步骤和方法进行实务操作说明。

第 6 章对绩效反馈的知识要点进行简要梳理，重点对绩效反馈的方式方法、绩效反馈面谈的策略进行实务操作说明。

第 7 章对绩效评价结果的知识要点进行简要梳理，重点对绩效诊断、绩效薪酬的实务操作进行说明。

第 8 章重点对绩效管理综合实训进行详细说明和实践操作。

本教程编写分工为：嘉兴南湖学院孔冬、嘉兴学院蒋定福负责全书框架的设计、审核及统稿工作，孔冬负责文稿的编写、修改及排版工作，蒋定福负责审核全书图文。内容编写的具体分工为：第 1 章由孔冬、嘉兴学院叶晟婷编写，第 2 章由叶晟婷、孔冬编写，第 3 章由湖北工程学院兰兰编写，第 4 章由长春工程学院李丹编写，第 5 章由成都理工大学江永众编写，第 6 章由广东松山职业技术学院赵瑜编写，第 7 章由吉林工商学院陆怡君编写，第 8 章由蒋定福编写。

在本教程编写过程中杨燕、金雯婷等人帮助查询资料、校对稿件，分担了大量的基础工作。同时，本书的出版也得到了清华大学出版社编校人员的大力支持，在此深表感谢！在编写过程中，本教程编者参考和借鉴了国内外专家、学者、企业家和研究机构的著作、期刊及相关网站资料，在此对他们表示诚挚的谢意！

为便于教学，本书提供学习软件、PPT 课件、案例、解析等教学资源，读者可通过扫描下方二维码下载。

教学资源下载

由于时间仓促，编者水平有限，且绩效管理的实践教学还在探索中，书中不足之处在所难免，敬请各位专家、同行、读者提出宝贵意见，以便不断修正和完善。

编　者

2023 年 1 月

目 录

第1章 导论 ··· 1
  1.1 绩效管理实训课程教学中存在的问题 ························ 1
    1.1.1 实训教材开发比较薄弱 ····························· 1
    1.1.2 实训教学学时占比低 ······························· 2
    1.1.3 实训教学内容不够系统 ····························· 2
    1.1.4 仿真模拟实训教学平台缺乏 ······················ 2
  1.2 基于仿真模拟的绩效管理实训课程教学体系构建 ············ 3
    1.2.1 基于仿真模拟的绩效管理实训课程教学体系构建的指导思想 ··· 3
    1.2.2 基于仿真模拟的绩效管理实训课程教学体系构建的目标定位 ··· 3
    1.2.3 基于仿真模拟的绩效管理实训课程教学体系的内容构成 ······ 3
  1.3 基于仿真模拟的绩效管理实训系统概述 ···················· 5
    1.3.1 基于仿真模拟的绩效管理实训系统简介 ············ 5
    1.3.2 基于仿真模拟的绩效管理实训系统的设计思路 ······ 6
    1.3.3 基于仿真模拟的绩效管理专业技能实训系统的主要功能 ······ 6
    1.3.4 基于仿真模拟的绩效管理专业技能实训系统操作的简要说明 ··· 7

第2章 绩效管理工具 ··· 15
  2.1 知识要点 ·· 15
    2.1.1 目标管理(MBO) ································· 16
    2.1.2 标杆超越法 ······································· 17
    2.1.3 关键绩效指标(KPI) ······························ 18
    2.1.4 平衡计分卡(BSC) ······························· 19
    2.1.5 全方位考核法 ···································· 20
  2.2 实战训练 ·· 21
    2.2.1 关键绩效指标的设计与运用 ······················· 22
    2.2.2 平衡计分卡的设计与运用 ························· 35
    2.2.3 全方位考核法的设计与运用 ······················· 43

第3章 绩效计划 ··· 51
  3.1 知识要点 ·· 51
    3.1.1 绩效计划的内涵 ·································· 51
    3.1.2 绩效计划的制订 ·································· 53
  3.2 实战训练 ·· 57
    3.2.1 明确目标 ··· 57
    3.2.2 制定部门计划目标 ································ 60
    3.2.3 建立关键绩效指标及其考核标准 ·················· 62
    3.2.4 确定各项指标的权重 ······························ 64
    3.2.5 制订具体行动计划 ································ 67
    3.2.6 完成绩效任务书 ·································· 68

第4章 绩效监控 ……………………… 71
4.1 知识要点 ……………………… 71
4.1.1 绩效监控的内涵 …………… 72
4.1.2 绩效监控的流程 …………… 72
4.1.3 绩效监控的作用 …………… 73
4.2 实战训练 ……………………… 76
4.2.1 领导风格 …………………… 76
4.2.2 收集信息 …………………… 83
4.2.3 绩效沟通 …………………… 88
4.2.4 绩效指导 …………………… 93

第5章 绩效评价 ……………………… 97
5.1 知识要点 ……………………… 97
5.1.1 绩效评价的内涵与作用 …… 97
5.1.2 绩效评价的内容 …………… 100
5.1.3 绩效评价的过程 …………… 103
5.1.4 绩效评价的方法 …………… 104
5.2 实战训练 ……………………… 110
5.2.1 建立评价系统 ……………… 111
5.2.2 分析判断 …………………… 116
5.2.3 输出结果 …………………… 128

第6章 绩效反馈 ……………………… 131
6.1 知识要点 ……………………… 131
6.1.1 绩效反馈的内涵 …………… 131
6.1.2 绩效反馈面谈的内容 ……… 132
6.1.3 绩效反馈面谈的方法 ……… 133
6.1.4 绩效反馈面谈的原则 ……… 133
6.1.5 绩效反馈面谈的技巧 ……… 134
6.2 实战训练 ……………………… 135
6.2.1 绩效反馈的方法 …………… 135
6.2.2 绩效反馈面谈的策略 ……… 138
6.2.3 绩效反馈面谈的步骤 ……… 141
6.2.4 绩效反馈面谈实例分析 …… 142

第7章 绩效评价结果应用 …………… 147
7.1 知识要点 ……………………… 147
7.1.1 绩效改进 …………………… 147
7.1.2 绩效薪酬 …………………… 148
7.1.3 绩效结果在人力资源其他模块中的应用 …………………… 149
7.2 实战训练 ……………………… 150
7.2.1 绩效诊断 …………………… 151
7.2.2 绩效薪酬 …………………… 160

第8章 绩效管理综合实训 …………… 171
8.1 实训背景 ……………………… 171
8.1.1 行业介绍 …………………… 171
8.1.2 公司简介 …………………… 172
8.1.3 绩效管理工具 ……………… 174
8.1.4 公司绩效管理任务 ………… 176
8.2 实训规则 ……………………… 176
8.2.1 公司初始状态 ……………… 176
8.2.2 运营规则 …………………… 179
8.3 综合实训 ……………………… 186
8.3.1 实训界面 …………………… 187
8.3.2 当年开始 …………………… 189
8.3.3 绩效诊断 …………………… 189
8.3.4 设定绩效目标 ……………… 190
8.3.5 自我提升 …………………… 192
8.3.6 绩效考核 …………………… 192
8.3.7 招募专家小组 ……………… 193
8.3.8 实施绩效考核 ……………… 194
8.3.9 绩效反馈面谈 ……………… 194
8.3.10 改进绩效 ………………… 195
8.3.11 应用绩效结果 …………… 195
8.3.12 岗位轮换 ………………… 196
8.3.13 支付薪酬 ………………… 197
8.3.14 员工辞退 ………………… 197
8.3.15 员工流失 ………………… 198
8.3.16 当年结束 ………………… 198
8.3.17 其他步骤 ………………… 199

参考文献 ……………………………… 201

附录 绩效案例 ………………………… 203

第 1 章 导 论

1.1 绩效管理实训课程教学中存在的问题

绩效管理是人力资源管理专业课模块中对实际操作要求较高的课程之一,也是企业人力资源管理工作中最能体现专业能力、最能实现价值的课程之一。近年来,随着绩效管理在实际工作中的地位越来越高,各高校人力资源管理专业都十分重视绩效管理课程的理论和实训教学,且取得了较好的效果,但绩效管理是一项系统工程,强调理论教学与实训教学的统一性。从目前的教学实践来看,各高校在绩效管理理论教学方面的探讨和重视程度远超过对实训教学的重视程度。概括起来,绩效管理课程实训教学中存在的问题主要表现在 4 个方面,下面逐一介绍。

1.1.1 实训教材开发比较薄弱

在教材建设上,绩效管理课程理论教材成果较多,各大出版社出版的《绩效管理》《战略性绩效管理》等有近百本,对绩效管理课程理论教学质量的提升起到了很好的支撑作用。但相对于理论教材开发的众多成果来说，专门的绩效管理实训教材开发还比较薄弱，市场上还没有真正完整、系统阐述绩效管理实训的教材，严重影响了绩效管理课程的教学效果，不利于学生实际操作能力的提高。

1.1.2　实训教学学时占比低

受绩效管理实训教材开发缺失的影响，各高校在安排绩效管理课程实训教学时，不能充分考虑绩效管理实训课程教学的完整性和系统性，许多高校只是简单开设了"绩效管理方案设计"等实训训练，远未达到绩效管理课程实训教学课时开设要求，造成绩效管理课程实训教学效果无法达到实际操作效果，影响了绩效管理专业技能的提高。

1.1.3　实训教学内容不够系统

实训教材开发缺失和实训教学学时占比太低，导致的另一个问题就是绩效管理实训教学内容不够系统。与绩效管理理论教学相一致，其实训教学内容应该包括绩效管理工具的运用、绩效计划、绩效监控、绩效评价、绩效反馈及绩效评价结果应用等诸多环节，这些环节构成了绩效管理实训教学内容的系统性。当前，由于对绩效管理实训教学内容的整体性与系统性缺乏足够的认识，绩效管理课程在实际操作中的功能没有达到应有的效果。

1.1.4　仿真模拟实训教学平台缺乏

要确保绩效管理课程的实际教学效果，提高学生的实际动手能力，必须要有与理论课程配套的仿真模拟实训教学平台，实现绩效管理课程边学习边模拟，以最终达到让学生掌握绩效管理实际操作能力的教学目标。但综观当前绩效管理实训教学平台软件开发市场，成熟的绩效管理实训教学平台还比较缺乏，能够具有仿真模拟功能的绩效管理实训教学平台就更少了，这极大地影响了绩效管理课程教学的理论和实训的互动性和整体性，从而对绩效管理课程教学效果产生了不利影响，因此，有必要构建基于仿真模拟的绩效管理实训教学平台。

1.2 基于仿真模拟的绩效管理实训课程教学体系构建

从对绩效管理实训课程教学中存在的问题分析中,我们可以看到,当前构建绩效管理实训教材和基于仿真模拟的绩效管理实训教学体系具有迫切性,应该在努力开发具有绩效管理仿真模拟功能实训教学体系平台的同时,开发和出版与之配套的绩效管理实训教材,只有这样,才能真正提高绩效管理实训教学的效果。

1.2.1 基于仿真模拟的绩效管理实训课程教学体系构建的指导思想

基于仿真模拟的绩效管理实训课程体系构建的指导思想是:在学生系统掌握绩效管理相关理论知识的基础上,结合绩效管理仿真模拟实训教学平台,对绩效管理工具、绩效计划、绩效监控、绩效评价、绩效反馈及绩效评价结果应用等诸多全真模拟训练环节进行系统讲解,使学生能够通过教材快速了解绩效管理仿真模拟实训教学平台的操作过程和功能,并通过绩效管理仿真模拟实训教学平台的实训,全面提高绩效管理的实际操作水平和实践能力。

1.2.2 基于仿真模拟的绩效管理实训课程教学体系构建的目标定位

基于仿真模拟的绩效管理实训课程教学体系构建的目标定位是:
(1) 通过仿真模拟课程教学,使学生在模拟绩效管理工具及绩效管理系统操作过程中,不断夯实理论基础;
(2) 通过仿真模拟课程教学,使学生在模拟绩效管理工具及绩效管理系统操作过程中,不断提高专业技能;
(3) 通过仿真模拟课程教学,使学生在模拟绩效管理工具及绩效管理系统操作过程中,不断提高职业素养。

1.2.3 基于仿真模拟的绩效管理实训课程教学体系的内容构成

以实训课程教学体系构建的指导思想为引领,围绕实训教学体系构建的目标定位,基于仿真模拟的绩效管理实训课程教学体系分为基础教学和实战模拟演练。基础教学包括绩效管理工具、绩效计划、绩效监控、绩效评价、绩效反馈、绩效评价结果应用；实战模拟演练是让学生模拟公司四个生命周期的运营，基于不同周期的绩效管理战略目标，遵循公司的宗旨及发展目标，根据公司发展需求，结合公司发展现状及背景，按照绩效管理流程，完成员工的绩效管理工作。基于仿真模拟的绩效管理实训课程教学体系的实验项目、学习目的、实验内容详见表1-1所示的绩效管理实训教学大纲。

表1-1 绩效管理实训教学大纲

序号	实验项目		学习目的	内容提要	课程性质
1	基础教学	绩效管理工具	了解并掌握绩效管理工具的种类以及每种绩效管理工具的操作方法	目标管理；标杆超越法；关键绩效指标；平衡计分卡；全方位考核法	必修
2		绩效计划	了解绩效计划制订的流程，掌握绩效计划任务书的编写内容	通过对案例进行分析，根据公司的目标制订符合公司发展要求的计划	必修
3		绩效监控	掌握绩效监控的相关理论知识	通过对领导风格、信息收集、绩效沟通、绩效指导等各环节的操作，更好地理解绩效监控各环节的作用	必修
4		绩效评价	了解绩效考核后绩效评价的流程和主要评价方法	分析判断并运用配对比较法、图尺度量法、混合标准量表法，并对行为锚定量表法、行为对照表法、关键事件法、态度记录法、行为观察量表法进行学习	必修
5		绩效反馈	了解绩效反馈的内容、策略和方法等	学习BEST反馈、汉堡法、SMART原则	必修
6		绩效评价结果应用	分析绩效结果，学会设计绩效改进方案，计算绩效薪酬；了解绩效管理在人力资源规划、人员培训、绩效管理、招聘管理、工作分析、培训开发中的应用	绩效诊断；改进计划；将绩效结果应用到培训、薪酬、职业生涯规划等其他模块	必修

(续表)

序号	实验项目		学习目的	内容提要	课程性质
7	实战系统	初创期、成长期、成熟期、衰退期	掌握绩效管理专业技能实训系统的操作规则和流程;通过模拟企业绩效考核流程巩固理论知识	企业诊断评估;制订企业总体绩效计划;制定部门和员工的绩效目标;选择合适的绩效考核方法;组建市场竞争专家小组;选择合适的绩效反馈、绩效改进方法;将绩效结果体现在薪资奖惩等方面;关注企业内员工的流入和流出	必修

根据绩效管理仿真模拟实训内容,要达到预期效果,建议实训课时不少于8个课时,或者根据绩效管理理论课时总数,实训课时不少于理论课时的30%,教师要合理安排实训课时,每个实训课时都要把握好实训内容和完成时间。

1.3 基于仿真模拟的绩效管理实训系统概述

基于仿真模拟的绩效管理实训系统,是集系统性、实战性与趣味性于一体的"互联网+实训"教学模式,这种实训教学模式能有效整合教学形式、教学手段与教学资源,较好地完成绩效管理课程综合实训的功能及要求。

1.3.1 基于仿真模拟的绩效管理实训系统简介

基于仿真模拟的绩效管理系统分为管理员、教师、学生三个端口。管理员端的主要任务是为教师和学生创建一个良好的教学氛围,内容包括教师管理、数据备份与学习中心。教师端的主要任务是对实训教学进行有效的管理与指导,内容包括教学任务、案例管理、实战系统参数、学习中心。学生端的主要任务是给学生创设良好的学习与实训平台,使学生得以巩固知识、锻炼技能,并提升职业素养,包括基础教学、实战训练、学习中心三个模块。其中,基础教学模块包括绩效管理工具、绩效计划、绩效监控、绩效评价、绩效反馈、绩效评价结果应用。实战训练模块包含绩效诊断、绩效目标设定、自我提升、绩效考核方法选择、招募专家小组、考核实施、反馈面谈、绩效改进、绩效结果应用等内容。学生根据教师提供的教学案例与经营背景，对企业绩效管理进行系统、综合的实战训练。学习中心模块包含了绩效管理相关的知识点、视频资料、教学案例等素材，学生可在学习中心查看各类教学素材。

1.3.2 基于仿真模拟的绩效管理实训系统的设计思路

绩效管理实训系统设计的基本思路是采用仿真模拟的方式让学生掌握绩效管理理论知识和操作技能。实训系统为学生提供了一个能够自主实践操作的平台，改变了以往以教师为主传递给学生知识技能的教学模式，是一个理论与实践相结合的操作系统。

系统采用 ASP.NET(C#)技术开发，应用分层结构开发模式，系统后台数据设置灵活，教师根据需求在教师端实战系统参数中设置各种模拟参数，让学生体会在不同环境下公司绩效的设置与考核过程。系统提供当前典型的绩效管理工具和绩效管理系统的模拟和演练，其中数据的量化、互动性、灵活的后台控制能力、寓教于乐的开发设计是本系统的最大特色。

学生首先需要熟悉并完善基础教学的内容，对绩效管理有一定的了解之后进行实训操作。在操作该系统时，学生需主动思考，积极寻找问题的解决方案，这样才能在乐趣学习的环境中获得更多的成果。

1.3.3 基于仿真模拟的绩效管理专业技能实训系统的主要功能

基于仿真模拟的绩效管理专业技能实训系统包括管理员端、教师端、学生端三个端口，各端口的主要功能如下：

1. 管理员端的主要功能

(1) 教师管理

系统管理员可创建教师账号，并管理教师账号。

(2) 数据备份

系统管理员还可对系统的整体数据进行备份。备份后，若任务、数据等被误删，可单击"还原"，还原至备份阶段。

(3) 学习中心维护

系统管理员可在学习中心及时上传与课程相关的文字、图片、视频等学习资料。

2. 教师端的主要功能

教师端由实践课授课教师使用，主要供教师创建教学任务，上传教学案例，创建学生端综合实训参数，上传与课程相关的文字、图片、视频等学习资料。

(1) 教学任务：创建教学任务、创建学生账号、查看每个学生在基础教学和综合实训中的操作结果以及下载实验报告。

(2) 案例管理：上传绩效管理实训课程相关的背景案例。

(3) 实战系统参数：主要包括综合实训中模拟公司的绩效提升率、员工参数、薪酬等级、员工薪酬、绩效增长率等参数。

(4) 学习中心：教师查看管理员上传的学习资料，并上传与课程相关的文字、图片、视频等学习资料。

3. 学生端的主要功能

在绩效管理专业技能实训系统中，学生端程序由基础教学、实战系统、学习中心组成，其中基础教学包括绩效管理工具、绩效计划、绩效监控、绩效评价、绩效反馈、绩效评价结果应用。每个同学完成基础教学的内容后进入实战系统，通过分析实战背景，制定人力资源管理中人员绩效的各项管理决策。

(1) 基础教学

基础教学中，每个同学需要完成绩效管理工具、绩效计划、绩效监控、绩效评价、绩效反馈、绩效评价结果应用这六个专项的基础训练，从而提高对绩效管理专业知识的掌握。

(2) 综合实训

在综合实训中学生需要根据给定的数据和参数，根据公司的情况，为公司设定合理的绩效目标，并对员工进行绩效考核、反馈等操作，让学生体验复杂和抽象的绩效管理流程。在这个环节，所有学生的公司之间是相互对抗竞争的，每个公司的目标就是提升员工绩效，从而提升公司效益，实现经营目标。因此，如何思考并制定出各项有效的决策，是取得胜利的关键。

(3) 学习中心

学生可在学习中心查看教师上传的各类教学资料，自主学习。

1.3.4　基于仿真模拟的绩效管理专业技能实训系统操作的简要说明

1. 系统登录

在浏览器中输入学校服务器名称或 IP 地址，按 Enter 键进入"绩效管理专业技能实训系统"

的登录界面，如图 1-1 所示。

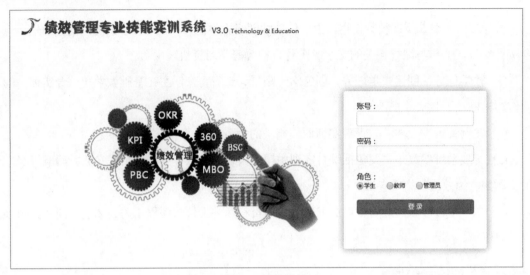

图1-1　系统登录

2. 管理员端操作

进入系统后，输入管理员账号和密码，单击"管理员"角色按钮，登录管理员端口，如图 1-2 所示。进入管理员端，可在"教师管理""数据备份""学习中心"三个模块进行操作。

图1-2　管理员端登录

(1) 教师管理

进入管理员端后，选择"教师管理"。在"教师管理"界面，单击"新增"按钮，注册教师账号，填完后单击"立即提交"按钮，如图 1-3 所示。

图1-3 新增教师账号

对于已建好的教师账号,管理员端可以对其做编辑和删除操作,如图 1-4 所示。

图1-4 编辑与删除操作

(2) 数据备份

进入管理员端后,选择"数据备份",单击"备份"按钮,对当前数据进行备份,如图 1-5 所示。

图1-5 数据备份

若因网络原因造成操作失败等情况,管理员单击"还原"按钮,还原备份的数据,如图 1-6 所示。

图1-6 数据还原

(3) 学习中心

进入管理员端后，选择"学习中心"，单击"新增"按钮，在弹出的文字编辑器中添加文档或者图片等，单击"确定"提交资料，如图1-7所示。

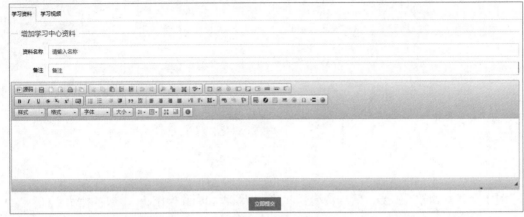

图1-7　上传资料

管理员对于已上传的学习资料可以选择查看、删除、编辑等操作，如图1-8所示。

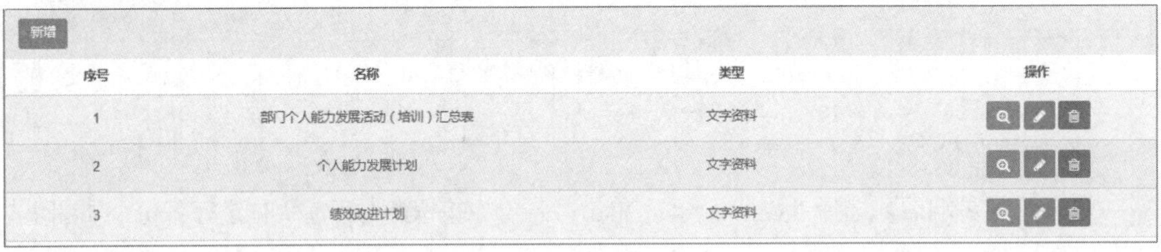

图1-8　查看与删除

3. 教师端操作

进入系统后，输入教师账号和密码，单击"教师"角色按钮，登录教师端口，如图1-9所示。进入教师端，可在"教学任务管理""案例管理""实战系统参数""学习中心"四个模块中进行操作。

图1-9　教师端登录

(1) 教学任务管理

选择"教学任务管理",选择"教学任务",单击"新增"按钮,输入教学任务的名称、用户前缀、班级、组数,选择实训参数,最后单击"确定"按钮,如图 1-10 所示。

图1-10　新增教学任务

对于已新建的任务可以单击操作栏按钮进行操作。操作栏主要包括查看、完成、实验下载报告、编辑、删除等功能,如图 1-11 所示。其中,单击"查看"按钮,可查看学生的操作详情;单击"完成"按钮,表示完成该任务;单击"删除"按钮,表示删除该任务;单击"下载实验报告"按钮,将下载所有学生的实验报告;单击"注资",则是为在综合实训练习中的学生增加使用资金。

图1-11　操作栏功能介绍

(2) 案例管理

选择"案例管理",输入案例名称和内容后,单击"立即提交"按钮,如图 1-12 所示。

对于已上传的案例,可进行编辑、删除、上传解析等操作。设为模板的案例不能被删除,其他教师自行添加的案例可单击"删除"按钮删除,如图 1-13 所示。

(3) 实战系统参数

选择实战系统参数,新建综合实训中的各项参数,如图 1-14 所示。

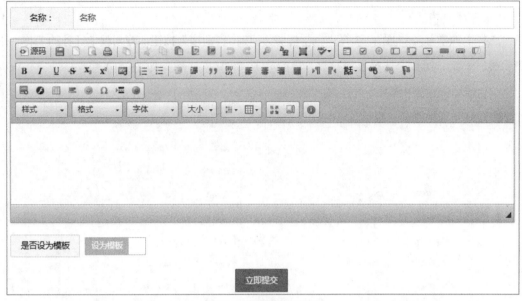

图1-12 上传教学案例

图1-13 案例管理

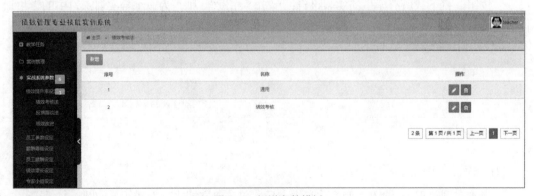

图1-14 新增参数模板

(4) 学习中心

教师端学习中心操作与管理员端相同。两者的区别在于管理员上传的学习资料所有教师账号都能查看,而在教师端上传的学习资料只有使用该教师账号的教师以及该教师账号创建的学生账号可见。

4. 学生端操作

创建成功教学任务后,学生在登录界面输入账号和密码,单击"学生"角色按钮,登录学生端口,如图 1-15 所示。

图1-15 学生端登录

学生端主要包括基础教学、实战系统和学习中心,单击相应按钮进入相应模块,如图 1-16 所示。关于学生端的具体操作详见本教程下面的章节,此处不再赘述。

图1-16 学生端界面

第 2 章 绩效管理工具

工具是管理实践与管理理论两者之间的桥梁和纽带。正如美国著名的管理学家彼得·德鲁克所言:"管理是一种实践,其本质不在于知,而在于行。"同样,源于管理实践的绩效管理工具需要应用于实践才能发挥其作用。通过绩效管理工具的知识学习和实战训练,学生应理解目标管理、标杆超越法、关键绩效指标、平衡计分卡和全方位考核法的内涵,了解五种绩效管理工具的优缺点,掌握目标管理、标杆超越法、关键绩效指标、平衡计分卡和全方位考核法等绩效管理工具的具体设计与运用。

2.1 知识要点

20世纪50年代及此后的几十年中,学者们先后提出了目标管理、标杆超越法、关键绩效指标、平衡计分卡和全方位考核法等绩效管理工具。不同的绩效管理工具各有其优点和不足,但就其对不同组织管理的应用实践而言并不存在优劣之分。

2.1.1 目标管理(MBO)

1. 目标管理的内涵

相对于其他四种绩效管理工具而言，目标管理的概念提出较早。传统的目标制定是自上而下的，管理者制定目标，下属执行，其指导思想是以 X 理论为基础，制定目标和实现目标讲求效率优先。而目标管理是以 Y 理论指导思想为基础，认为人是"社会人"，在工作中有参与、自我控制的需要。在目标制定和实施过程中，以目标为导向，以人为中心，企业员工积极参与，自下而上地确定目标成果，最后又用这些目标成果管理、评价员工绩效，自下而上地保证组织目标的实现。目标管理的概念是由彼得·德鲁克在其专著《管理的实践》中提出的，他认为目标管理区别于传统管理，传统管理强调上级支配式控制，目标管理最大的优点是强调员工的参与和自我控制，员工个人工作目标和企业战略目标两者的实现并不冲突，两者可以同时实现。

2. 目标管理的操作流程

具体来说，目标管理的操作流程可以分为设置目标、管理目标、总结评估三个步骤。

(1) 设置目标

这是目标管理最重要的阶段，在这一阶段要做好以下几方面的工作：首先，高层管理者预定目标。在目标预定过程中，无论是上级提出目标还是下级提出目标，都必须共同商量决定。管理者必须根据企业的使命和价值观，结合企业外在环境因素，对企业的优势和劣势有清醒认识，预定的目标要兼具可实现性和挑战性。其次，上下级共同商讨确立部门和员工个人目标，分目标要定量化、具体化。上下级还要就实现分目标的条件和目标成果实现后的奖惩达成一致意见，形成书面协议。

(2) 管理目标

管理目标实质是对目标实施的监控。目标管理虽然强调员工自我控制，但是管理者适度的监督和控制是不可或缺的。上级要定期或不定期检查员工工作的开展情况，对员工出现的困难及时帮助解决；当出现意外事件、不可预测事件影响目标实现时，也要采取特殊手段修正原定目标。同时，下级要定期向上级报告工作进度，便于上级了解情况、协调工作。

(3) 总结评估

预定目标完成后，首先由下级对目标完成情况进行自我评价，再由上下级一起考核目标达成情况，决定相应的奖惩措施；同时上下级要讨论下一阶段的部门目标、个人目标，开始新的目标管理循环。

在整个目标管理实施过程中，员工还需要填制目标管理表格，明确员工的具体工作目标和行动计划；在绩效管理周期完成后，要填写绩效完成结果，并做总结和评价。

3. 目标管理的优缺点

目标管理是非常实用的管理方法，也是绩效管理的重要管理工具，国内外不少企业都采用这一方法。其优点体现在：第一，有助于改进部门或岗位的职责分工。目标管理将目标成果的考核评价、奖惩具体到部门和员工，克服了工作中职责不清、相互扯皮的问题。第二，目标管理注重员工参与和自我控制，强调调动员工工作的积极性和主动性，这也是该方法最主要的优点。

在具体实践中，目标管理也存在着不足，主要体现在：第一，由于很多目标只能定性化，难以定量化、具体化，加上企业外在因素的不可控性使企业经营活动的不确定性越来越大，这些都造成了目标制定的难度增大。第二，目标管理以 Y 理论为核心指导思想，但在很多情况下，员工的自我控制、主动参与很难实现。第三，目标管理倡导自下而上地商讨、制定目标，而且要经过几轮商讨，无形中增加了时间成本和管理成本。第四，由于目标管理将目标成果具体到每个部门和员工，会造成部门和员工间急功近利、相互缺乏合作的倾向。

2.1.2 标杆超越法

1. 标杆超越法的内涵

标杆超越法又称为标杆管理，该方法起源于 20 世纪 70 年代末 80 年代初，当时的日本企业凭借其卓越的产品质量管理获得飞速发展，美国企业由此掀起了一股学习日企的热潮。目前标杆超越法是最受欢迎的管理工具之一，首创标杆超越法的美国施乐公司将该工具定义为："一个将产品、服务和实践与最强大的竞争对手或者行业领导者相比较的持续流程"。在理解这一定义时，重点需要对"标杆"进行理解，标杆指的是学习和对标的企业在产品、服务、管理、运营等诸多方面的最佳实践或最佳标准，学习和对标的标杆可以是全社会的企业，并不局限于同一行业或同一产业的企业。调查显示，包括福特、IBM、宝洁等在内的世界 500 强企业中有 70%以上的企业将其作为一项常规商业管理工具。

2. 标杆超越法的操作流程

标杆超越法的操作流程可分为发现"瓶颈"、选择"标杆"、收集数据、比较分析确定绩效标准、沟通交流、采取行动等六个步骤，六个步骤中需要重点掌握第一步骤和第二步骤。

(1) 发现"瓶颈"

全面了解自身企业,明确需要改进、能够改进的在产品、服务、运营、管理、流程等方面的内容,这是实施标杆超越法的前提。因此,在发现"瓶颈"这一阶段,企业应全面了解企业现状,详细了解自身的关键业务流程与管理策略,从业务流程的关键节点角度出发,找出企业营运的"瓶颈",确认学习和超越的企业内容。通常,对企业战略目标实现最关键的环节是标杆超越要选择的内容。

(2) 选择"标杆"

在发现"瓶颈"、确定标杆超越的内容和领域后,下一步就要选择标杆以确定比较目标。这里的标杆可以是本组织内部的最佳部门,也可以是竞争对手或者全社会的最佳企业。一般来说,"标杆"的选择有两个标准:第一,标杆企业要有卓越业绩,是具有最佳实践、最佳标准的企业。第二,标杆企业的业务领域和自身企业要超越的领域具有相似性和可比性。比如,华为公司在业务流程管理方面选择 IBM 作为学习标杆,在管理者培养方面选择通用电气人才培养模式作为学习标杆。

标杆超越法的主要目标是有针对性地采取改革行动,以达到或超越标杆。在每一轮改革完成之后,企业必须进行绩效指标的评价,以检验实施标杆超越法的成效。

3. 标杆超越法的优缺点

标杆超越法相比其他系统的考核方法更重视比较和衡量。作为一种管理方法或技术,它已经被企业广泛认同,成为获得竞争优势、改进经营绩效的一种重要工具。它的优势在于能很好地激发企业中员工、团队和整个组织的潜能,提高企业整体绩效;促进经营管理者完善企业激励机制和分配机制,例如,董事会把标杆超越作为经营者业绩评价的标准,以此激发经营者的工作热情和工作动力。

然而,任何的管理方法都有其局限性,标杆超越法的不足主要体现在企业一味地强调模仿和超越,反而会使企业失去自身特色。再者,如果标杆企业的选取出现偏差,也可能导致企业经营决策的失误。

2.1.3 关键绩效指标(KPI)

1. 关键绩效指标的内涵

关键绩效指标常被简称为 KPI(Key Performance Indicator),作为一种有效的绩效管理工具,其目的是建立一种将企业战略转化为企业行动的机制，以此来增强企业的竞争优势。KPI 将企业战略分解为可操作、可量化的企业行动性指标体系，整个指标体系不仅明确了各个部门的责任分工，也明确了各个员工的业绩衡量标准。关键绩效指标的理论基础是"二八原理"，即帕累托最优原理，该原理指出，企业中每个部门和每位员工 80%的工作业绩是由其 20%的关键行为达成的。该原理应用在绩效管理中的具体体现是，绩效考核评价重点要放在关键过程、关键行为和关键成果等领域和内容上，评价要围绕关键绩效指标进行。

2. 关键绩效指标的操作流程

关键绩效指标体系建立的基本思路是将企业战略目标分解为关键成功领域，再将关键成功领域层层分解为关键绩效要素，接下来将关键绩效要素分解为定量或定性的考核指标，以此确定企业、各部门和各职位的关键绩效指标体系。通常来说，设计一个完整的基于关键绩效指标体系的绩效管理系统包含六个步骤：确定企业关键成功领域、确定关键绩效要素、确定关键绩效指标、确定部门级绩效指标并设置权重、确定评价标准、确定个人关键绩效指标。具体的操作流程请见本章实战训练中关键绩效指标的设计与运用，这里不做具体介绍。

3. 关键绩效指标的优缺点

关键绩效指标在绩效管理实践中得到了广泛运用，其优点主要体现在：第一，强调战略性，通过 KPI 指标的整合和控制，有利于在企业中形成统一的行动导向。第二，有利于个人绩效和组织绩效保持一致。由于个人绩效目标是由组织绩效目标分解到部门，部门再将绩效指标分解到个人，因此员工在达成个人绩效的同时也有助于组织绩效的实现。第三，目标明确，员工将精力和时间投入到最重要的工作中。

然而，随着管理实践的不断深入，关键绩效指标也暴露出某些不足和问题，比如关键绩效指标的最大特点是强调战略性，但具体的"战略"是指企业战略、竞争战略还是职能战略，并没有明确指出；虽然绝大多数人将其理解为竞争战略，但没有提供可选择的战略模板。其二，关键绩效指标之间缺少明确的逻辑关系，只强调对各个部门和员工关键绩效指标的考核评价，忽略了部门间的协调合作。

2.1.4　平衡计分卡(BSC)

1. 平衡计分卡的内涵

20 世纪 90 年代，哈佛商学院罗伯特•卡普兰教授和复兴全球战略集团总裁戴维•诺顿提出了平衡计分卡(BSC，Balanced Score Card)的概念。作为一种新型的、高效的绩效管理工具，平衡计分卡从组织战略出发设计绩效指标评价体系，整个指标体系包含财务指标和非财务指标。总体而言，平衡记分卡的最大特点是将组织愿景、使命、战略与绩效联系起来，从财务、客户、内部运营、学习成长四个方面相互补充"平衡"来对组织绩效做出综合性评价。目前，平衡计分卡已广泛应用于企业、公共部门等各类组织中，相对于其他绩效管理工具，其优点体现在不仅关注组织财务绩效结果等"硬件因素"，也关注管理、文化等"软件因素"。

2. 平衡计分卡的操作流程

通常来说，平衡计分卡的操作步骤包括：确定企业战略目标，从财务层面、客户层面、内部流程管理层面、学习与成长层面建立企业的平衡计分卡，生成战略地图，将企业级平衡计分卡分解为绩效指标，并为绩效指标设置权重、目标值和评分标准等五个步骤。其中，从财务层面、客户层面、内部流程管理层面、学习与成长层面建立企业的平衡计分卡是最为关键和重要的流程，这四个层面构成了组织战略地图的主体内容框架，决定了如何将组织的战略落实为可操作的衡量指标和目标值等实施步骤。具体的操作流程请见本章实战训练中平衡计分卡的设计与运用，这里不做具体介绍。

3. 平衡计分卡的优缺点

平衡计分卡最大的优点是绩效评价体系的全面性和综合性。从财务层面、客户层面、内部流程管理层面、学习与成长层面等四个层面的考核指标可以看出，平衡计分卡重视对组织战略发展、经营活动、利益相关者、管理运营等方面的评价，做到了财务指标和非财务指标的有机统一，利于对组织绩效和竞争优势做出综合考评。

然而，平衡计分卡在具体实施中存在一定的局限性，比如沟通与共识问题、管理协调问题等。而且，该方法对适用的组织也有一定的限制性，主要适用于以目标战略为导向且目标能够层层分解、以协商或民主式领导体制为主的组织。

2.1.5 全方位考核法

1. 全方位考核法的内涵

全方位考核法又称为360度绩效考评，该方法是指通过将上级、下属、同事、客户、员工自身作为考核者，对被考核者进行的全方位考核。作为一种常见的绩效管理工具和方法，全方位考核法的最大特点是考核主体多元化,从多个方面对员工进行评价,有利于保证绩效考核的全面性和准确性。该方法并不适用于所有组织,主要适用于协作性和流程性较强的组织。另外,该方法还适用于评价中层干部和职能服务部门,也适用于对员工能力素质的培养。

2. 全方位考核法的操作流程

全方位考核法的操作流程包括以下三个阶段:

(1) 准备阶段

准备阶段的工作直接影响着绩效评价的顺利绩效和评价结果的有效性。准备阶段要做好宣传工作,使员工理解全方位考核法实施的目的、作用,尤其要让员工了解全方位考核法实施的步骤和注意事项。

(2) 评价阶段

评价阶段要组建绩效评价队伍,对评价者进行绩效评价技术培训,确定评价指标、权重,设定绩效标准,统计评分数据并报告结果。评价阶段的具体实施步骤请见本章实战训练中全方位考核法的设计与运用,这里不做具体介绍。

(3) 反馈和辅导阶段

由于全方位考核法的评价主体有上级、下属、同事、客户和自己,因此通过多元主体的反馈信息能让被考核者全面了解自己工作中好与不好的方面,有利于下一阶段的重点工作开展和绩效改善。

3. 全方位考核法的优缺点

传统绩效评价方法以上级考核下级为主,全方位考核法扩大了评价者主体的范围,其优点体现在:一是让被考核者不仅只关注业绩指标,也关注品德、管理能力等与个人发展相关的绩效指标;二是一定程度上避免考核者"光环效应""居中趋势""偏紧或偏松""个人偏见"和"考核盲点"等现象的发生。

然而,全方位考核法也存在着一些不足,比如,考核成本高,工作开展的难度较大。该方法也并非适用于所有企业,要求企业具备战略稳定、组织架构稳定和人员稳定的前提条件。

2.2 实战训练

绩效管理工具的实战训练包括关键绩效指标的设计与运用、平衡计分卡的设计与运用、全方位考核法的设计与运用。学生在操作中要注重理论知识在实践中的具体应用、实训与工作实际的具体结合,通过实训掌握三种工具的实施步骤和操作流程。

进入绩效管理专业技能实训系统后,单击"基础教学"按钮,进入基础教学界面,如图2-1所示。

图2-1　基础教学界面

继续单击界面左侧导航栏的"绩效管理工具",下拉出现绩效管理的五个工具,包括关键绩效指标(KPI)、平衡记分卡(BSC)、360度绩效考评、360目标管理(MBO)、标杆超越法,如图2-2所示。

图2-2　绩效管理工具

2.2.1　关键绩效指标的设计与运用

在以关键绩效指标为基础实施绩效评价时,需要遵循一定的流程。关键绩效指标的设计与运用实战训练包括确定企业关键成功领域、确定关键绩效要素、确定关键绩效指标、确定部门级绩效指标并设置权重、确定评价标准、确定个人关键绩效指标等关键绩效指标的操作步骤。

具体实训步骤如下：

单击“关键绩效指标(KPI)”进入对应界面，界面中出现的是关键绩效指标的含义和设计流程，如图 2-3 所示。

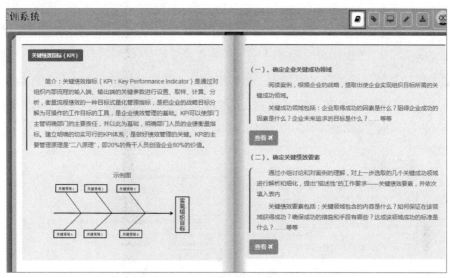

图2-3　关键绩效指标的含义和设计流程

学生在图 2-3 所示的界面中单击“查看案例”按钮，新弹出的网页显示的是“辉煌计算机公司”案例，如图 2-4 所示。在绩效管理专业技能实训系统中，管理员已提前在学习中心上传了三个教学案例，分别是“霞客纺织”案例、“辉煌计算机公司”案例和“星泰教育”案例。授课教师也可以根据教学需要在教师端的“案例管理”中上传教学案例。

案例

辉煌计算机公司

一、公司简介

辉煌计算机公司是一家专业从事嵌入式工业计算机及自动化控制系统设计、开发、销售的高科技公司，成立于2002年。公司继承了自控领域的经验，融入当今先进的工业计算机技术，在自动化控制及嵌入式计算机系统领域取得了骄人的业绩，成为在该领域具有较强影响力的公司。辉煌计算机公司有较强的设计、研发和生产能力，可为用户提供嵌入式计算机系统产品设计、开发、集成、自动化工程实施等服务。随着公司的发展，目前已有自主品牌的四个系列(工业级平系统板电脑4款、工作站4款及平板显示器6款和BOX PC5款)近20款产品投入批量生产。我们的宗旨：专业是基础、服务是保证、质量是信誉。凭借可靠的产品质量和良好的售后服务，赢得了广大用户的认可，产品应用涵盖公共交通，电力、军工、金融、网络安全、船舶制造、医药器械、数控、仪表、科研等行业，并连续多年成为地铁和军工科研单位嵌入式计算机产品指定供应商。

如今，辉煌计算机公司正处在蓬勃发展的阶段，市场的现状是口碑及销售业绩很好，商业经验丰富。2015年，公司在全国各地的总销售额超过2500万元，利润额达800万，市场占有率超过30%，生产率比去年提高了6%，且新研发产品12项，更新技术13项，是同类公司中的佼佼者。目前公司在经营中保持创新的新鲜度，提升经营定位，巩固市场份额，继续提高盈利能力，从而延长公司的成熟期，保持公司的竞争优势。2016年，总经理在全体会议上向广大员工宣告：我们的使命就是为每一位顾客提供真挚的服务。在未来5年内，成为该行业的领先者，让我们的产品成为顾客的首选目标。提出了“两个转变，两个调整”的发展战略目标，即从“全国化战略”向“国际化战略”转变，深化“技术”，努力向“品质”转变；从“快速发展”调整到“稳健发展”，从“产品线管理”调整到“品牌线管理。

二、绩效计划与实施

2016年年初，辉煌公司针对公司的整体目标和各部门的发展要求制定了相应的绩效目标，帮助各部门和雇员自身对未来发展进行自我监控。对于辉煌计算机公司来讲，提升销售收入，提高利润率是其首要目标，在经营过程中要注重毛利率的提升和费用的降低，从而增强盈利能力。

在公司的总结报告会上发现去年的销售总额达到了历史最高，比往年最高纪录还高出了3%，毛利率也高出了3%。因此，公司销售部计划在新一年扩大销售。在经过一定的市场调研、产品的策划和推广后，争取销售率能够保持在一个稳定增长的区间内。公司还十分注重品牌的维护和公司形象的塑造，注重一线品牌的占有、品牌的到位情况。并致力于为客户提供百分之百的服务，提升客户的满意度，不得低于80%，减少客户投诉率，争取每月零投诉。维持现有客户并不断开发和拓展新的客户，去年销售部每月至少拓展

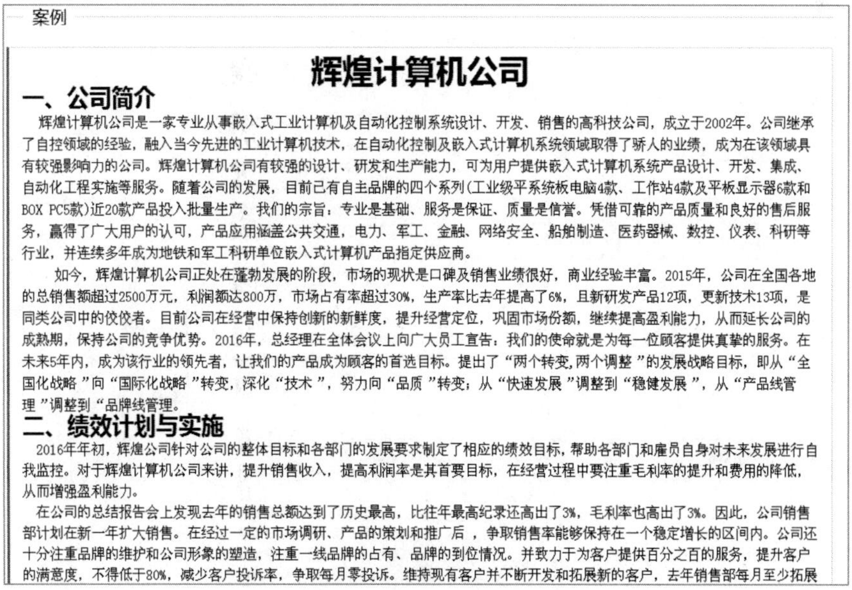

图2-4　辉煌计算机公司

1. 确定企业关键成功领域

企业关键成功领域是对企业获得核心竞争力、实现战略目标起到关键作用的领域，确定关键成功领域可以通过鱼骨图进行分析。在确定企业的关键成功领域时，需梳理和明确几个问题：企业成功的主要因素有哪些？这些因素中，哪些因素能确保企业在未来竞争中持续获利，哪些因素会阻碍企业成功？在这些因素中，有利于实现企业未来战略目标的关键成功因素是什么？可以说，企业关键成功领域的确定过程实质上是对制定企业战略目标的审视，并以此为基础对企业竞争优势进行剖析。结合所学理论知识，学生在阅读案例后，单击"立即前往"按钮，如图2-5所示。

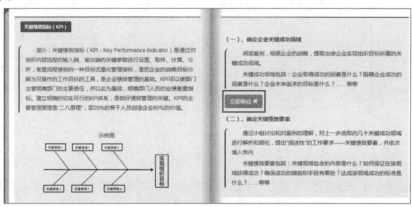

图2-5　确定企业关键成功领域1

在单击"立即前往"按钮后网页会弹出"确定企业关键成功领域"的弹框。确定企业关键成功领域往往要提取能使企业实现组织目标的关键领域，在这一实训步骤中，学生要结合案例中辉煌计算机公司的战略目标和2018年绩效目标提取其关键成功领域，并在鱼骨图中填写该公司的关键成功领域和企业目标。完成后单击"立即提交"按钮，如图2-6所示。

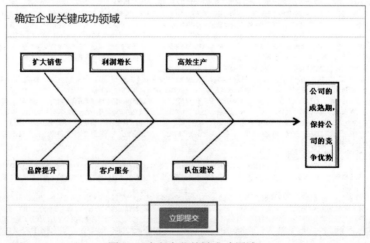

图2-6　确定企业关键成功领域2

学生完成"确定企业关键成功领域"步骤的实训后,界面中的"立即前往"按钮变为"查看"按钮,如图 2-7 所示。

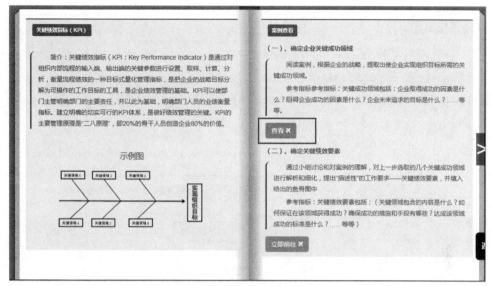

图2-7 确定企业关键成功领域3

单击"查看"按钮可以查看已完成的实训内容,如图 2-8 所示。

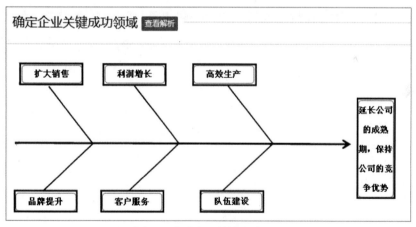

图2-8 查看企业关键成功领域

2. 确定关键绩效要素

关键绩效要素是对关键成功领域的进一步细化和分解,它是对工作进行描述性的要求,比如,以前一步骤中辉煌计算机高效生产这一关键成功领域为例,可将其细化分解为生产效率、产品合格、生产技术改进等关键绩效要素。在确定关键绩效要素时需要解决三个问题:一是每个关键成功领域取得成功的主要因素有哪些,二是确保该领域成功应采取哪些行动,三是该领域成功的标准有哪些。在本案例中，确定辉煌计算机公司关键成功领域后，学生要分析并确定该公司的关键绩效要素，单击"立即前往"按钮，如图2-9所示。

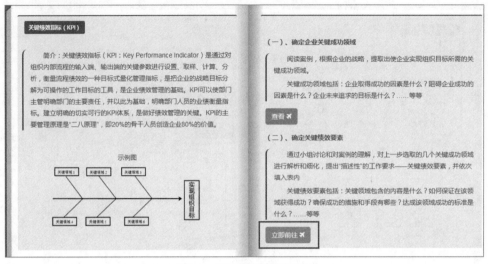

图2-9 确定关键绩效要素1

单击"立即前往"按钮后网页会弹出"确定关键绩效要素"的弹框。通过对理论知识和案例的理解，学生将上一步骤完成的辉煌计算机公司的扩大销售、利润增长、高效生产、品牌提升、客户服务、队伍建设等六大关键成功领域，进一步解析和细化以确定关键绩效要素，并依次填入表内。界面中的"+"和"-"表示增加或减少绩效要素，每一个关键成功领域包含的要素可以是多个，要求最少不能少于一个，完成后单击"立即提交"按钮，如图2-10所示。

图2-10 确定关键绩效要素2

学生完成"确定关键绩效要素"步骤的实训后,界面中的"立即前往"按钮变为"查看"按钮,如图 2-11 所示。

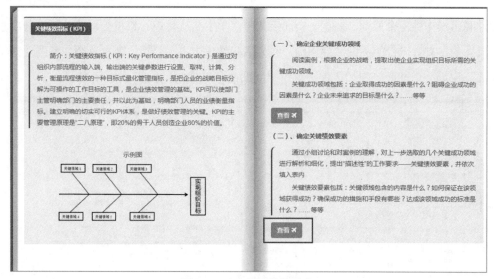

图2-11　确定关键绩效要素3

单击"查看"按钮可以对已完成的实训内容进行查看,还可以单击"查看解析"按钮查看教师上传的参考答案,如图 2-12 所示。

关键领域	关键绩效要素
扩大销售	销售额
	市场占有
利润增长	毛利
	利润额
高效生产	生产效率
	生产技术改进
	新产品研发
	产品合格
品牌提升	品牌占有
客户服务	新客户开发
	客户满意
	人员招聘

图2-12　确定关键绩效要素4

3. 确定关键绩效指标

确定关键绩效要素后，还需进一步细化为关键绩效指标。确定关键绩效指标应遵循有效性、重要性和可操作性三个原则。在这一实训步骤中，学生要从辉煌计算机公司的关键绩效要素中提取具体的、有效可行的关键绩效指标，并为指标做出定义。最后，建立一个完整的关键绩效指标库，作为公司绩效管理的依据。单击"立即前往"按钮，如图 2-13 所示。

图2-13　确定关键绩效指标1

单击"立即前往"按钮后网页会弹出"确定关键绩效指标"的弹框。通过对理论知识和案例的理解，学生将上一步骤中完成的辉煌计算机公司的关键绩效要素分解为关键绩效指标，并依次填入表内。单击界面中的"+"和"-"可以增加和减少绩效指标和指标定义，每一个绩效要素对应的绩效指标和定义可以是多个，但要求最少不能少于一个。完成后单击"立即提交"按钮，如图 2-14 所示。

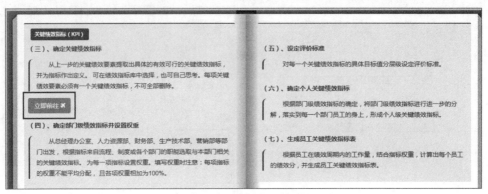

图2-14　确定关键绩效指标2

完成"确定关键绩效指标"步骤的实训后,界面中的"立即前往"按钮变为"查看"按钮。单击"查看"按钮可以查看已完成的实训内容,单击"查看解析"按钮可以查看教师上传的参考答案,如图2-15所示。

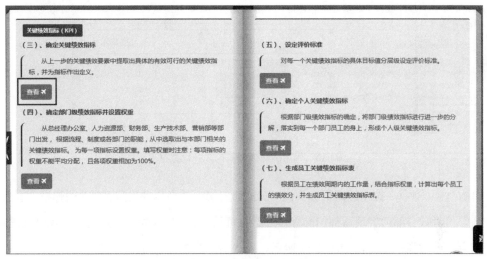

图2-15　确定关键绩效指标3

4. 确定部门级绩效指标并设置权重

组织目标的实现需要部门的支持。确定企业关键绩效指标之后,需要以此为基础设计各个部门的关键绩效指标,并为每一个关键绩效指标设置权重。企业关键绩效指标被分解后,有些指标是能直接被有关部门承接的,有些指标是不能被部门直接承接或单独承接的。对于前者,比如培训计划完成率、新产品开发数目等就可以直接确定为部门级关键绩效指标;对于后者,必须进一步分解细化。

分解关键绩效指标的具体做法是:

(1) 按照各部门职能分工进行分解,比如培训计划的执行率是人力资源部门的关键绩效指标。

(2) 按照业务流程进行分解,比如"新产品的合格品率"这一关键绩效指标需要由研发部的"新产品开发立项数"、采购部的"设备购置及时"、生产部的"生产技术改进"几个指标共同支撑才能实现。

确定辉煌计算机公司的关键绩效指标后,学生要从该公司人力资源部、财务部、研发部、采购部、生产技术部、营销部等部门出发,根据流程、制度或各部门的职能,从中选取出与本部门相关的关键绩效指标并为各指标设置权重。填写权重时需注意:每项指标的权重不能平均分配,且各项权重相加为100%。单击"立即前往"按钮,如图2-16所示。

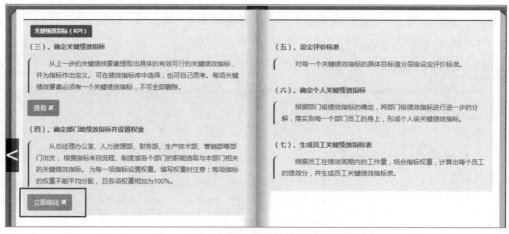

图2-16　确定部门级绩效指标并设置权重1

单击"立即前往"按钮后网页会弹出"确定部门级绩效指标并设置权重"的弹框。单击"增加部门"和"减少部门"填写部门名称，并结合理论知识和案例为公司各部门确定绩效指标、设置相应的绩效指标权重，如图2-17所示。完成后单击"立即提交"按钮。

图2-17　确定部门级绩效指标并设置权重2

完成"确定部门级绩效指标并设置权重"步骤的实训后，界面中的"立即前往"按钮变为"查看"按钮。单击"查看"按钮可以对已完成的实训内容进行查看，单击"查看解析"按钮可以查看教师上传的参考答案，如图2-18所示。

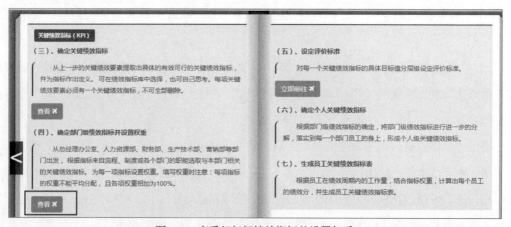

图2-18　查看部门级绩效指标并设置权重

5. 设定评价标准

绩效指标解决的是需要评价"什么"的问题,评价标准解决的是要求被考核者做得"怎样"、完成"多少"的问题。对于数量化的指标,标准通常是一个范围,例如年销售额的绩效指标,其绩效评价标准可设定为年销售额为 5000 万~6000 万元。对于难以量化的指标,在设定评价标准时往往从客户期望出发,例如公司形象的绩效指标难以量化,其绩效标准可设定为使用高质量的材料、恰当的颜色和式样,代表和提升公司形象。

在这一实训步骤中,学生要依据前面的几步操作为辉煌计算机公司各个部门的绩效指标设定评价标准。单击"立即前往"按钮,如图 2-19 所示。

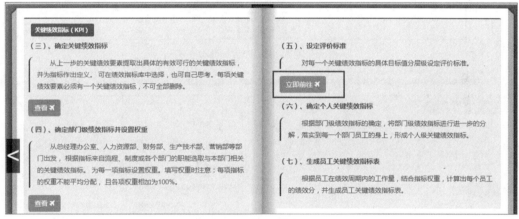

图2-19 设定评价标准1

单击"立即前往"按钮后网页会弹出"设定评价标准"的弹框。依次为辉煌计算机公司人事部、财务部、研发部、采购部、生产技术部、营销部等部门关键绩效指标设定绩效标准,每填写完成一个部门的绩效标准后单击"立即提交"按钮完成操作。以人事部为例,其关键绩效指标招聘完成率的绩效标准可设定为考核期内招聘计划完成率达 100%,员工培训次数指标的绩效标准可设定为考核期内对员工进行 10 次以上培训,培训计划完成率指标的绩效标准可设定为考核期内培训计划完成率达 100%,如图 2-20 所示。

完成"设定评价标准"步骤的实训后,界面中的"立即前往"按钮变为"查看"按钮。学生单击"查看"按钮可以查看已完成的实训内容,单击"查看解析"按钮可以查看教师上传的参考答案,如图 2-21 所示。

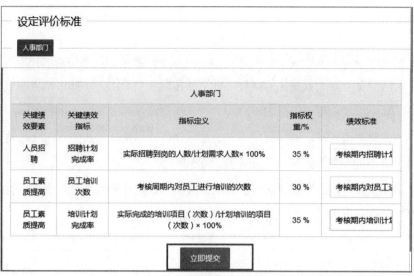

图2-20 设定评价标准2

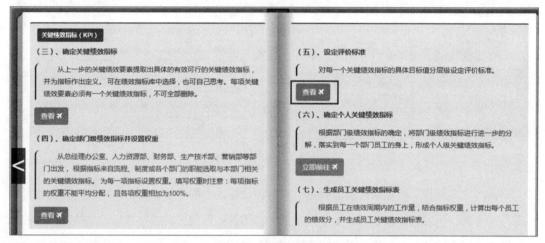

图2-21 查看评价标准

6. 确定个人关键绩效指标

企业级关键绩效指标的实现依靠各个部门关键绩效指标的达成，各个部门关键绩效指标的实现依靠员工个人绩效目标的达成。因此，个人关键绩效指标体系的设计主要是先分解部门关键绩效指标，然后由每个部门的员工执行和落实。所有部门的关键绩效指标最终都需要有人来承担，以确保组织战略能够有效指导员工的工作行为。需要注意的是，不同岗位承担的关键绩效指标的数量有很大的差异，有的岗位承担的关键绩效指标数量多，有的岗位承担的关键绩效指标数量少，甚至没有关键绩效指标。

在这一实训步骤中，学生要依据前面的操作确定辉煌计算机公司各部门的员工个人关键绩效指标。单击"立即前往"按钮，如图 2-22 所示。

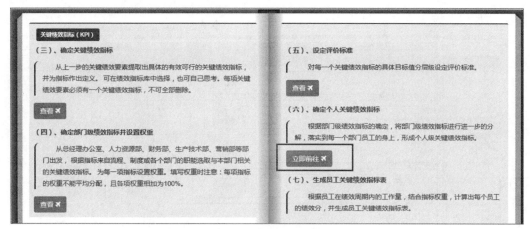

图2-22　确定个人关键绩效指标1

单击"立即前往"按钮后网页会弹出"确定个人关键绩效指标"的弹框。在弹框中填写员工姓名，选择所在部门，对应填写绩效的分值、权重和绩效标准。可以单击"新增岗位"或"减少岗位"按钮添加或减少员工，减少信息只能在增加的基础上减少，已存在的信息不能减少，完成操作后单击"立即提交"按钮。以辉煌计算机公司人事部为例，该部门员工的个人关键绩效指标是通过将人事部的招聘计划完成率、员工培训次数、培训计划完成率三个关键绩效指标进行承接，以落实到每个员工身上。比如，该部门的员工 1，该岗位要完成的关键绩效指标分别是招聘计划完成率和员工培训次数，如图 2-23 所示。

图2-23　确定个人关键绩效指标2

完成"确定个人关键绩效指标"步骤的实训后，界面中的"立即前往"按钮变为"查看"

按钮。单击"查看"按钮可以对已完成的实训内容进行查看,单击"查看解析"按钮可查看教师上传的参考答案,如图 2-24 所示。

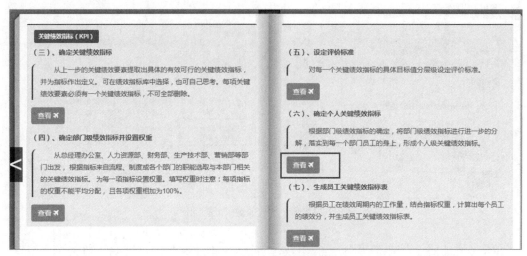

图2-24 查看个人关键绩效指标

7. 生成员工关键绩效指标表

完成上面的所有步骤后,系统会自动生成员工关键绩效指标表,单击"查看"按钮即可查看各个部门的员工关键绩效指标。以辉煌计算机公司的人事部为例,评价员工 1 的绩效由招聘计划完成率和员工培训次数两大关键绩效指标构成,相对应的指标权重和绩效标准在表格中一目了然,如图 2-25 所示。在一定考核周期结束后,考核者在该表中填写员工的实际考核得分,完成对员工 1 的绩效评价。

关键绩效指标	分值	指标定义	指标权重/%	绩效标准	实际得分
员工培训次数	100	考核周期内对员工进行培训的次数	45 /%	员工进行培训在10次或以上,得100分;每少1次培训,扣5分;	
招聘计划完成率	100	实际招聘到岗的人数/计划需求人数× 100%	55 /%	招聘计划完成率在100%或以上,得100分;招聘计划完成率不足100%,每不足5%,扣5分	
培训计划完成率	100	实际完成的培训项目(次数)/计划培训的项目(次数)× 100%	0 /%		

图2-25 生成员工关键绩效指标表

2.2.2　平衡计分卡的设计与运用

平衡计分卡的设计与运用实战训练包括确定企业战略目标，从财务层面、客户层面、内部流程管理层面、学习与成长层面建立企业的平衡计分卡，生成战略地图，将企业级平衡计分卡分解为绩效指标，并为绩效指标设置权重、目标值和评分标准等。具体实训步骤如下。

在指导老师带领学生学习平衡记分卡基础教学中的理论部分后，学生进入该部分内容的实训。单击"平衡计分卡"进入对应界面，界面中出现的是平衡计分卡的定义、优缺点、适用情况和操作步骤，如图 2-26 所示。

图2-26　平衡计分卡

在图 2-26 所示界面右上方单击"查看案例"按钮，新弹出的网页显示的是"辉煌计算机公司"案例(见图 2-4)，学生自主阅读案例并完成相应的练习。

1. 确定企业整体战略目标

平衡计分卡的基本特征是把企业经营战略转化为一系列的目标和测量指标，因此，平衡计分卡的第一步是确定企业战略目标。战略目标的制定要从企业使命和核心价值观出发，在系统全面分析企业现状和内外部环境基础上，运用战略分析方法形成企业愿景，并通过绘制战略地图，将愿景转化为战略规划。学生阅读和分析案例，填写辉煌计算机公司的战略目标，填写完成后单击"提交"按钮，如图 2-27 所示。

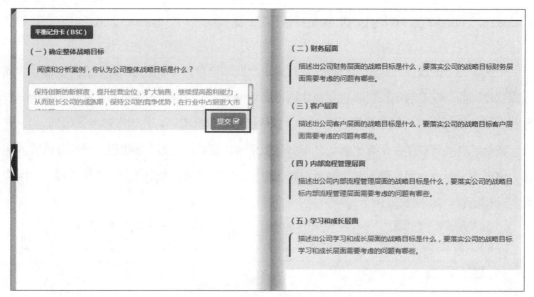

图2-27 确定企业整体战略目标1

2. 财务层面

企业财务层面的绩效目标能综合反映企业业绩，直接体现股东利益，因此一直被广泛应用于对企业业绩进行控制和评价，企业财务业绩可通过收入增长和生产率改进两种战略实现。如果企业运营用"开源"和"节流"两个词来描述，那么收入增长战略就可称为"开源"，增加收入机会、提高客户价值可为企业"开源"；生产率改进战略就可称为"节流"，改善企业成本结构、提高资产利用率可为企业"节流"。学生阅读案例，思考辉煌计算机公司财务层面的目标是什么，以及落实公司财务层面目标需要考虑哪些问题。

3. 客户层面

以客户为中心是当下企业经营和获取竞争优势的关键，提高客户的满意度和忠诚度成为客户关系管理的核心，因此企业竞争的焦点就集中于为客户提供什么样的产品服务，以什么样的方式提供，也凸显了企业客户价值主张的重要性。通常来说，客户价值主张包括三方面特征：一是产品和服务特征，包括价格、质量、时间和功能，主要关注的是客户体验，产品和服务能为客户带来什么价值；二是客户关系特征，主要关注的是客户关系的维护，对客户满意度和忠诚度的管理；三是形象和声誉特征，主要关注的是企业的知名度和美誉度。学生阅读案例，思考辉煌计算机公司客户层面的目标是什么，以及要落实公司客户层面目标需要考虑哪些问题。

4. 内部流程管理层面

企业内部流程管理至关重要，合理完善的流程管理有利于降低成本、实现生产率改进，也有利于向客户传递企业价值主张和企业文化。内部业务流程可以分为四类：一是运营管理流程，即生产和交付产品服务的流程；二是客户管理流程，即选择客户、获得客户、维护客户、扩大客户业务等流程；三是开发新产品、新服务等的创新流程；四是改善社区和环境的法规、社会流程。学生阅读案例，思考辉煌计算机公司内部流程管理层面的目标是什么，以及要落实公司内部流程管理层面目标需要考虑哪些问题。

5. 学习和成长层面

学习和成长层面描述了组织的无形资产及其在战略中的作用，平衡计分卡的提出者卡普兰和诺顿认为无形资产由人力资本、信息资本、组织资本三种资本组成。人力资本是员工知识、能力和才干的体现，关注员工工作动机和工作表现；信息资本是支持战略所需的信息系统、数据资源、基础设施，关注的是信息系统、网络资源和数据库；组织资本是战略执行所需的组织变革能力，关注的是企业运营效率。学生阅读案例，思考辉煌计算机公司学习和成长层面的目标是什么，以及要落实公司学习和成长层面目标需要考虑哪些问题。

上述四个层面的页面如图 2-28 所示。

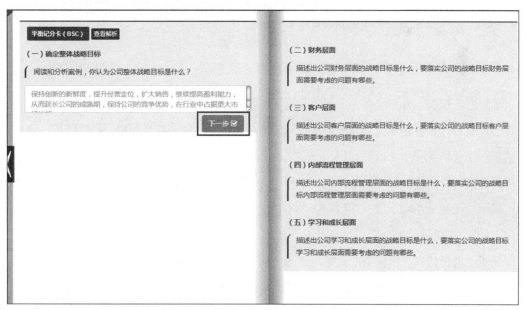

图2-28　确定企业整体战略目标2

6. 生成战略地图

完成第一步的练习后，单击"下一步"按钮，打开"生成战略地图"页面，如图2-29所示。

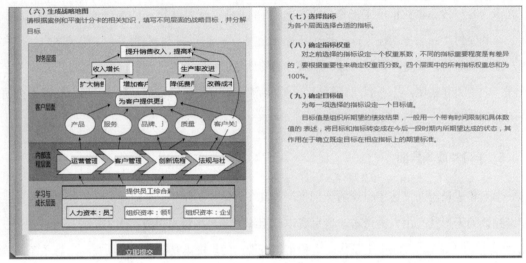

图2-29　生成战略地图

学生根据平衡计分卡的相关知识，结合辉煌计算机公司案例，填写财务、客户、内部业务流程、学习和成长等四个层面的战略目标，并进行目标分解。填写完成后单击"立即提交"按钮。这里需要注意的是，设计与运用平衡计分卡的关键是确定四个层面的战略目标，进而生成战略地图，学生在实训中要重点理解和掌握。

7. 选择指标

确定财务层面、客户层面、内部业务流程层面、学习与成长层面的战略目标后，要将各个层面的战略目标分解转化为具体的考评指标。学生单击"立即前往"按钮，根据辉煌计算机公司的实际经营情况和所学理论知识，分别为该公司财务、客户、内部业务流程、学习与成长四个层面选择考核指标。在弹出的弹框中下拉选择不同的指标，单击弹框里面的"+"和"-"按钮可以添加或减少指标，每一项指标要求不少于一项，选择完成后单击"立即提交"按钮完成操作，如图2-30所示。

完成"选择指标"步骤的实训后，界面中的"立即前往"按钮变为"查看"按钮。学生单击"查看"按钮可以查看已完成的实训内容，单击"查看解析"按钮可以查看教师上传的参考答案，如图2-31所示。

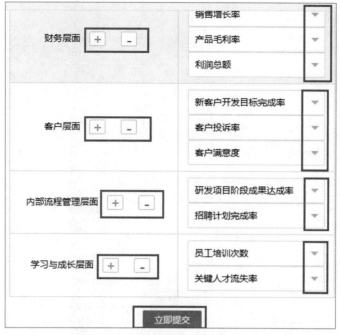

图2-30　选择指标

选择指标 查看解析

	指标
财务层面	销售增长率 利润总额 产品毛利率
客户层面	客户满意度 新客户开发目标完成率 客户投诉率
内部流程管理层面	招聘计划完成率 研发项目阶段成果达成率
学习与成长层面	关键人才流失率 员工培训次数

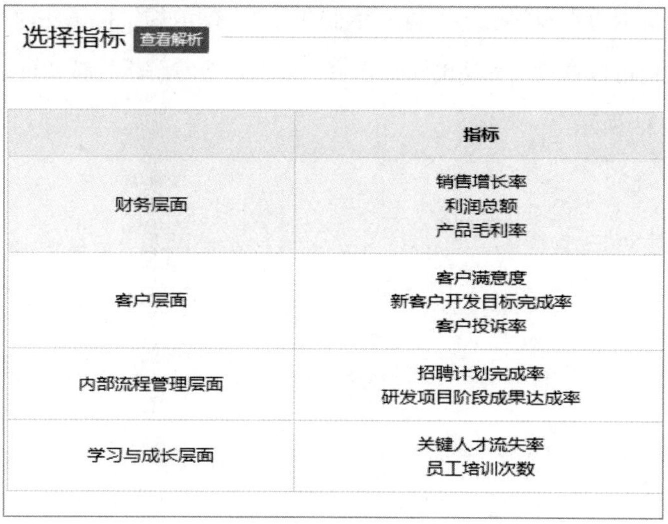

图2-31　查看指标

8. 确定指标权重

指标确定后要对指标设定权重系数，不同指标的重要程度是有差异的，要根据重要性来确定权重百分数，四个层面中的所有指标权重总和为 100%。单击“立即前往”按钮，在弹出的弹框中设置指标权重，填写完成后单击“立即提交”按钮完成操作，如图 2-32 所示。

客户层面	指标权重
客户满意度	10%
新客户开发目标完成率	15%
客户投诉率	8%
内部业务流程层面	**指标权重**
招聘计划完成率	8%
研发项目阶段成果达成率	10%
学习与成长层面	**指标权重**
关键人才流失率	15%
员工培训次数	9%

图2-32　确定指标权重

完成"确定指标权重"步骤的实训后，界面中的"立即前往"按钮变为"查看"按钮。学生单击"查看"按钮可以查看已完成的实训内容，单击"查看解析"按钮可以查看教师上传的参考答案，如图2-33所示。

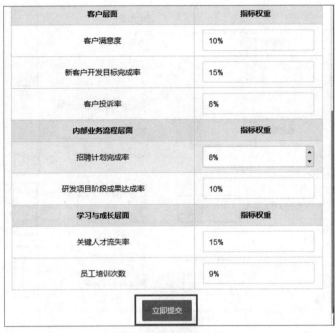

财务层面	指标权重
销售增长率	8 %
利润总额	5 %
产品毛利率	12 %
客户层面	**指标权重**
客户满意度	15 %
新客户开发目标完成率	8 %
客户投诉率	10 %
内部业务流程层面	**指标权重**
招聘计划完成率	8 %
研发项目阶段成果达成率	10 %
学习与成长层面	**指标权重**
关键人才流失率	9 %
员工培训次数	15 %

图2-33　查看指标权重

9. 确定目标值

这一步骤的任务是为每一项选择的指标设定一个目标值。目标值往往是企业在一段时间内期望达成的状态，其表述一般带有时间限制和具体目标数值，作用在于确立既定目标在相应指标上的期望标准。

单击"立即前往"按钮后弹出确定目标值的弹框，学生需分别为销售增长率、利润总额、产品毛利率、客户投诉率、客户满意度、新客户开发目标完成率、招聘计划完成率、研发项目阶段成果达成率、员工培训次数、关键人才流失率等辉煌计算机公司的绩效指标设定目标值，填写完成后单击"立即提交"按钮完成操作，如图 2-34 所示。

图2-34　确定目标值

完成"确定目标值"步骤的实训后，界面中的"立即前往"按钮变为"查看"按钮。学生单击"查看"按钮可以查看已完成的实训内容，单击"查看解析"按钮可以查看教师上传的参考答案。

10. 设定评分标准

确定目标值步骤完成后，接下来要为绩效指标的完成情况设置评分标准，评分标准为考核评分提供依据，根据不同的绩效完成情况给予不同的评分，要求体现差异性。单击"立即前往"按钮后弹出设定评分标准的弹框，学生分别为销售增长率、利润总额、产品毛利率、客户投诉率、客户满意度、新客户开发目标完成率、招聘计划完成率、研发项目阶段成果达成率、员工培训次数、关键人才流失率等绩效指标设定评分标准，填写完成后单击“立即提交”完成操作，如图 2-35 所示。

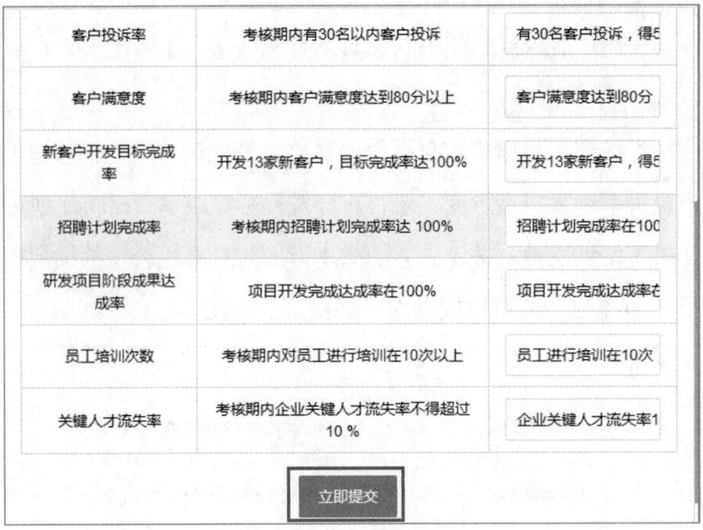

客户投诉率	考核期内有30名以内客户投诉	有30名客户投诉，得5
客户满意度	考核期内客户满意度达到80分以上	客户满意度达到80分
新客户开发目标完成率	开发13家新客户，目标完成率达100%	开发13家新客户，得5
招聘计划完成率	考核期内招聘计划完成率达 100%	招聘计划完成率在100
研发项目阶段成果达成率	项目开发完成达成率在100%	项目开发完成达成率在
员工培训次数	考核期内对员工进行培训在10次以上	员工进行培训在10次
关键人才流失率	考核期内企业关键人才流失率不得超过10 %	企业关键人才流失率1

立即提交

图2-35　设定评分标准

完成“设定评分标准”步骤的实训后，界面中的“立即前往”按钮变为“查看”按钮。学生单击“查看”按钮可以查看已完成的实训内容，单击“查看解析”按钮可以查看教师上传的参考答案。

11. 生成平衡计分卡考核表

上面所有步骤完成后，系统会自动生成完整的平衡计分卡考核表。单击“查看”按钮，弹框显示的是辉煌计算机公司的平衡计分卡考核表，如图 2-36 所示。

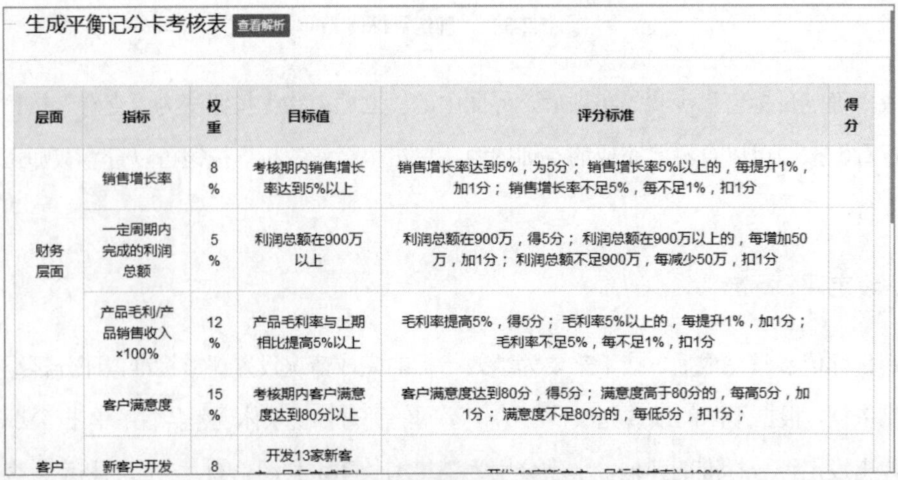

生成平衡记分卡考核表 查看解析

层面	指标	权重	目标值	评分标准	得分
财务层面	销售增长率	8%	考核期内销售增长率达到5%以上	销售增长率达到5%，为5分；销售增长率5%以上的，每提升1%，加1分；销售增长率不足5%，每不足1%，扣1分	
	一定周期内完成的利润总额	5%	利润总额在900万以上	利润总额在900万，得5分；利润总额在900万以上的，每增加50万，加1分；利润总额不足900万，每减少50万，扣1分	
	产品毛利/产品销售收入×100%	12%	产品毛利率与上期相比提高5%以上	毛利率提高5%，得5分；毛利率5%以上的，每提升1%，加1分；毛利率不足5%，每不足1%，扣1分	
客户	客户满意度	15%	考核期内客户满意度达到80分以上	客户满意度达到80分，得5分；满意度高于80分的，每高5分，加1分；满意度不足80分的，每低5分，扣1分；	
	新客户开发	8	开发13家新客		

图2-36　查看平衡计分卡考核表

2.2.3　全方位考核法的设计与运用

为了保证评价达到预期的目的，全方位考核法对实施过程有着严格的要求，否则只是改变现有考核的维度和方式，不仅不能体现其优越性，可能还会带来很多问题。全方位考核法的设计与运用实战训练主要针对该方法评价阶段的操作流程，具体实训步骤如下。

在指导老师带领学生学习全方位考核法基础教学中的理论部分后，学生进入该部分内容的实训。单击"360度绩效考评"进入对应界面，界面中出现的是360度绩效考评的定义、优缺点、适用范围和实施步骤，如图2-37所示。

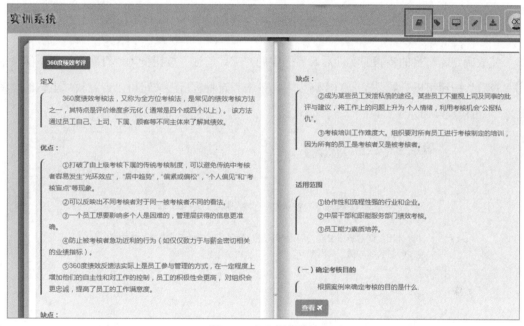

图2-37　全方位考核法

学生在图2-37所示界面的右上方单击"查看案例"按钮，新弹出的网页显示的是"辉煌计算机公司"案例(见图2-4)，学生自主阅读案例并完成相应练习。

1. 确定考核目的

绩效考核的目的要根据企业的战略目标和企业目前自身绩效情况来制定。学生通过阅读和分析辉煌计算机公司的案例，根据该公司的战略目标和目前自身的经营现状，思考该公司的绩效考核目的。单击"立即前往"按钮，在弹出的弹框中填写考核的目的，填写完成后单击"立即提交"按钮完成操作，如图2-38所示。

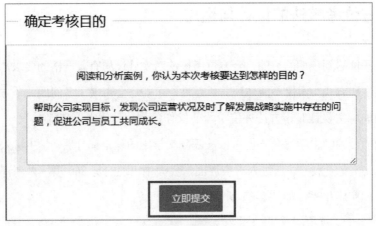

图2-38 确定考核目的

完成确定考核目的步骤的实训后,界面中的"立即前往"按钮变为"查看"按钮。学生单击"查看"按钮可以查看已完成的实训内容,单击"查看解析"按钮可以查看教师上传的参考答案,如图2-39所示。

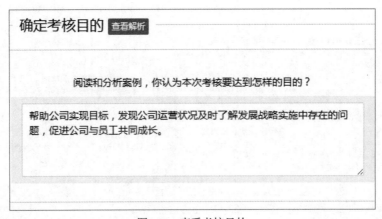

图2-39 查看考核目的

2. 确定被考核者

确定考核目的后就要确定被考核的员工。员工的工作性质不同、岗位职能不同,其考核的内容和指标也不同。单击"立即前往"按钮后,学生在弹出的弹框中填写被考核者,界面中的"+"和"-"表示增加或减少被考核者,至少要填写一项被考核者。以辉煌计算机公司的销售主管为例,填写完成后单击"立即提交"按钮完成操作,如图2-40所示。

完成"确定被考核者"步骤的实训后,界面中的"立即前往"按钮变为"查看"按钮,如图2-41所示。学生单击"查看"按钮可以查看已完成的实训内容,单击"查看解析"按钮可以查看教师上传的参考答案。

图2-40 确定被考核者

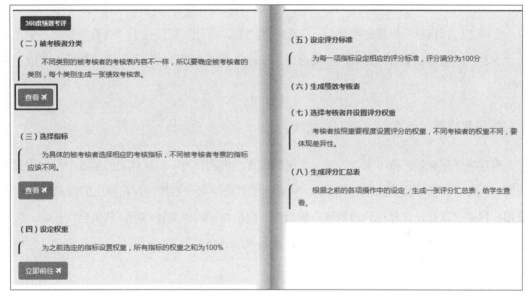

图2-41 查看被考核者

3. 选择指标

确定被考核者后，要为具体的被考核者选择相应的考核指标。全方位考核法的主要作用在于改善员工的绩效，帮助员工正确认识自己的能力、态度等方面存在的问题，并及时做出调整。因此，企业应着重从影响员工业绩能力、工作态度等因素设计指标，例如创新能力、工作主动性、团队意识、敬业精神、服务意识等指标。单击"立即前往"按钮后，在弹出的被考核者弹框中填写考核指标，"+"和"-"表示增加和减少被考核者的评价指标，要至少填写一项指标。以辉煌计算机公司的销售主管为例，将其考核指标设定为销售增长率、客户满意度、市场拓展计划完成率三项。单击"立即提交"按钮完成操作，如图2-42所示。

图2-42 选择指标

完成"选择指标"步骤的实训后,界面中的"立即前往"按钮变为"查看"按钮。学生单击"查看"按钮可以查看已完成的实训内容,单击"查看解析"按钮可以查看教师上传的参考答案。

4. 设定权重

确定考评指标后,接下来要为每一个指标设置相应的权重,权重代表的是各个指标的重要程度,所有考核指标权重的总和等于100%。单击"立即前往"按钮,在弹出的弹框中填写考核指标权重。以辉煌计算机公司销售主管为例,根据指标的重要性程度,将销售增长率、客户满意度、市场拓展计划完成率的权重分别设置为40%、45%和15%。填写完成后单击"立即提交"按钮完成操作,如图2-43所示。

图2-43 设置权重

完成"设定权重"步骤的实训后,界面中的"立即前往"按钮变为"查看"按钮。学生单击"查看"按钮可以查看已完成的实训内容,单击"查看解析"按钮可以查看教师上传的参考答案。

5. 设定绩效标准

一般来说,指标指的是从哪些方面衡量或评价绩效;而绩效标准指的是在各个指标上分别达到什么样的水平。单击"立即前往"按钮,在弹出的弹框中为每一个绩效指标设定绩效标准,评分满分为100分。以辉煌计算机公司的销售主管为例,市场拓展计划完成率指标的绩效标准是考核期内市场拓展计划完成率在5%以上,客户满意度指标的绩效标准是考核期内客户满意度达到80分以上,销售增长率指标的绩效标准是考核期内销售增长率达到5%以上。填写完成后单击"立即提交"按钮完成操作,如图2-44所示。

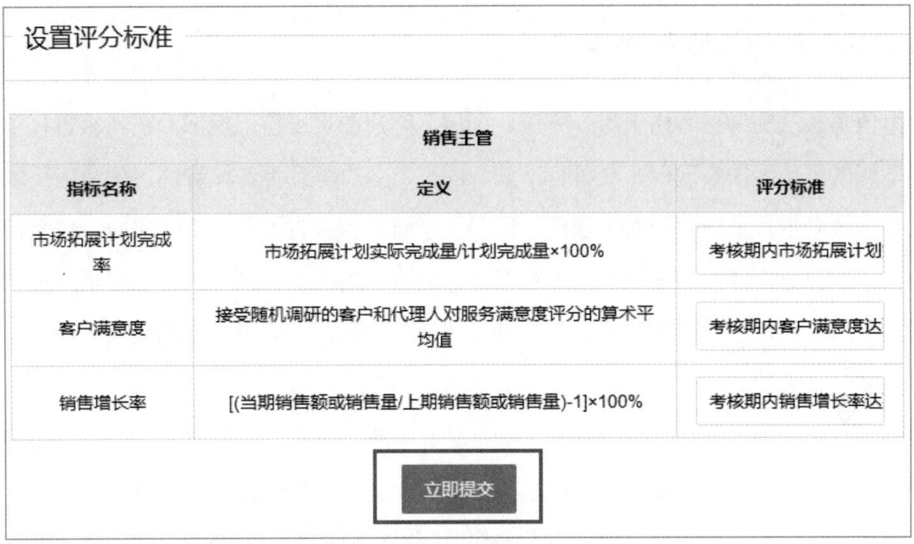

设置评分标准		
销售主管		
指标名称	定义	评分标准
市场拓展计划完成率	市场拓展计划实际完成量/计划完成量×100%	考核期内市场拓展计划
客户满意度	接受随机调研的客户和代理人对服务满意度评分的算术平均值	考核期内客户满意度达
销售增长率	[(当期销售额或销售量/上期销售额或销售量)-1]×100%	考核期内销售增长率达

立即提交

图2-44 设定绩效标准

完成"设定绩效标准"步骤的实训后,界面中的"立即前往"按钮变为"查看"按钮。学生单击"查看"按钮可以查看已完成的实训内容,单击"查看解析"按钮可以查看教师上传的参考答案。

6. 生成绩效考核表

上面所有步骤完成后,系统会自动生成员工的绩效考核表,单击"查看"按钮即可查看每位员工的绩效考核表,表格中包括被考核者姓名、指标名称、相应指标的权重和评价标准等信息,如图2-45所示。

绩效考核表 查看解析			
被考核者：销售主管		被考核者职级	
指标名称	权重	评分标准	得分
市场拓展计划完成率	40%	考核期内市场拓展计划完成率在5%以上	
客户满意度	45%	考核期内客户满意度达到80分以上	
销售增长率	15%	考核期内销售增长率达到5%以上	
总分			

图2-45　生成绩效考核表

7. 选择考核者并设置评分权重

全方位考核法的考核者由上级、下属、同事、客户和员工自己组成。在考核过程中，除了上级对下属的评价无法实现保密之外，下属、同事、客户等几类考核者的评价最好采取匿名方式。几类考核者中，上级主管对下属的工作最为了解，评分占60%～70%左右。自我评分、同事评分和下属评分往往带有很强的主观性，评分均占10%左右，顾客的评分权重要视与被考核者的工作相关性而定。考核者按照重要程度设置评分权重，不同考核者的权重不同，要体现差异性，不能一概而论。

单击"立即前往"按钮，弹出弹框，从上级、下属、本人、服务对象、同级部门五个维度设置评分权重，所有权重总和等于100%。以辉煌计算机公司的销售主管为例，由于客户和上级对其绩效完成情况最为了解，也最有发言权，所以评分权重设置得相对高一些，本人、下属和同级部门的评分权重设置得相对低一些。填写完成后单击"确定"按钮完成操作，如图2-46所示。

完成"选择考核者并设置评分权重"步骤的实训后，界面中的"立即前往"按钮变为"查看"按钮。学生单击"查看"按钮可以查看已完成的实训内容，单击"查看解析"按钮可以查看教师上传的参考答案。

图2-46　选择考核者并设置评分权重

8. 生成评分汇总表

上面所有步骤完成后，由系统自动生成员工的评分汇总表。单击"查看"按钮即可查看，图 2-47 所示的是辉煌计算机公司销售主管的绩效考核评分汇总表。

被考核者：销售主管		被考核者职级
指标名称	指标权重	评分标准
市场拓展计划完成率	40 %	考核期内市场拓展计划完成率在5%以上
客户满意度	45 %	考核期内客户满意度达到80分以上
销售增长率	15 %	考核期内销售增长率达到5%以上
本人：10 %		
上级评分：20 %		
下属评分：15 %		
服务对象评分：40 %		
同级部门评分：15 %		
最终得分		

图2-47　生成评分汇总表

第 3 章 绩效计划

本章主要介绍绩效计划的内涵、作用、目的和绩效计划制订的步骤,实训的目的在于帮助学生了解绩效目标的来源,掌握绩效目标设定的原则,熟悉绩效标准的主要特征,掌握绩效标准设计应注意的问题。在掌握以上知识点的基础上,培养学生制定绩效目标的意识,在日常生活和学习中设定合理的目标并根据绩效标准自评,在调整中不断改进。

3.1 知识要点

绩效目标和绩效标准设计作为绩效计划的核心内容,是形成绩效契约的关键。绩效计划是双向沟通的过程,绩效计划的核心环节就是绩效沟通。首先要营造良好的沟通氛围和环境,其次要明确沟通的原则、设计沟通的过程,最后形成沟通的结果。

3.1.1 绩效计划的内涵

绩效计划的制订需要主管和员工深入沟通,针对员工的工作目标和工作标准达成共识,并制定协议。换句话说,绩效计划是根据既定的绩效标准,主管和员工共同制订,同时修订绩效目标最终实现的过程。具体来说，绩效计划有以下重要的组成部分：绩效标准，员工该做什么；绩效目标，员工在什么时间、应该做到什么程度；绩效权重，工作中的重点是什么；绩效协议，绩效计划的具体表现形式。

1. 绩效标准

绩效标准实际上是针对特定的岗位工作而言的，是员工在工作中应达到的各种基本要求。工作岗位对员工的要求，就是绩效标准，而且绩效标准是客观的，和在工作岗位上工作的人员无关。在达成一致的绩效计划中，部门主管和员工应该以同样的答案回答下列关于绩效标准的问题：

(1) 员工在本绩效期内的工作职责是什么？
(2) 员工在本绩效期内具体的绩效标准是什么？
(3) 员工绩效标准中的关键绩效指标是什么？
(4) 员工绩效标准中关键绩效指标各自的权重是多少？哪些是最重要的，哪些是次要的？

2. 绩效目标

绩效目标与绩效标准不同，标准是针对工作制定的，而目标是针对部门和员工个人设定的，在设定的时候要考虑组织的发展战略和计划。在绩效标准的基础上，绩效目标需要考虑部门和员工现有的绩效水平，反映管理者对部门和员工的具体要求，其典型特征之一就是要有挑战性。同一工作，应该只制定一套工作标准，但对每个员工则可能制定出不同的目标，该项目标依据每位员工的个人经验技术和过去的表现而有所不同。在成功的绩效计划中，部门主管和员工应该以同样的答案回答下列关于绩效目标的问题：

(1) 员工在本绩效期内所要完成的工作目标是怎样的？
(2) 如何判断员工的工作目标完成得怎样？
(3) 员工应该在什么时候完成这些工作目标？
(4) 员工的工作绩效完成状况将对整个组织或特定的团队有什么影响？
(5) 员工在达到目标的过程中可能会遇到哪些困难和障碍？
(6) 部门主管会为员工提供哪些支持和帮助？

3. 绩效权重

并不是所有的绩效标准对岗位组织都是同等重要的。在一个绩效期内，组织中的重点目标有哪些，即组织在这段时期内最重要的是做哪几件事、员工最重要的工作职责是什么。要在员工最重要的工作职责上设立较高的权重。

对被考核者来说，如果在每个绩效指标上所设的权重都一样，人们往往都会首先选择那些容易达到的指标去做，这样最后总体的绩效考核分数会比较高。但是如果绩效指标的权重不一样，比较容易完成的任务所占的权重比较小，而较为困难的任务所占的权重比较大，即使员工在那些容易完成的任务上做得再好，权重较大的目标没完成好，最终绩效考核结果也不会太好。权重起到了引导员工向哪个方向努力工作的作用，权重大的绩效标准，也是为了引导员工花费较多的时间和精力去完成工作。

3.1.2　绩效计划的制订

1. 制定绩效目标

制订绩效计划时最重要的内容就是制定绩效目标。在制定绩效目标的过程中，管理者需要特别重视以下几个方面。

1) 绩效目标制定的基本步骤

绩效目标的制定过程通常包含如下几个步骤。

(1) 成立一个有高层领导参与的战略规划小组，负责拟定和描述组织的愿景，在高层领导之间达成共识后，确定组织的战略目标。对一个成熟的组织来说，则是直接根据组织的愿景和战略，结合组织的年度工作计划，制定组织的绩效目标。

(2) 每位高层领导与其分管部门的管理者组成小组，提出各部门的目标，然后基于部门目标和部门工作计划，制定部门绩效目标。在制定部门绩效目标时，管理者需要注意部门绩效目标和组织绩效目标的纵向协同和不同部门之间的横向协同。

(3) 针对部门目标的分解和达成方式，管理者和员工需要充分沟通，在此过程中，制定好员工个人的绩效目标。部门管理者需要协调和确定每位员工的工作内容，确保实现部门目标。值得一提的是要避免传统的做法——只是简单地从上到下制定和分解目标，要保证每位员工在制定各级目标的时候都享有充分的发言权，同时鼓励每位员工都积极参与制定绩效目标。这样一来，在保证每位员工的绩效目标与部门绩效目标的协同性和一致性上，来确保个人、部门和组织目标的协同性和一致性，进而保证通过绩效系统将组织战略转化为每个员工的日常行动。

2) 绩效目标制定的关键点

在绩效目标制定过程中，为了确保绩效目标的科学性和可操作性，绩效目标制定者还需要把握如下几个关键点。

(1) 进行充分的绩效沟通。

在制定绩效目标的过程中,管理者和下属需要进行充分、平等、全面的沟通。充分的沟通要求以确保下属的参与为重点,即确保下属有机会参与到制定绩效目标的过程中,通过提高下属的工作投入度和对绩效目标的承诺度,来保证绩效目标的达成。

(2) 确保绩效目标的动态调整。

管理者需要关注绩效目标的动态变化,因为每一阶段的绩效目标都是按照不同的绩效周期来设计和确定的,但是现实情况和制定目标之初会发生变化。特别是在制定了分阶段目标的情况下,这种调整应更频繁。如果下属轻易达到了上一阶段的目标,就应该分析其中是否有特殊的原因,并通过调整目标来适应情况的变化。如果目标明显不可实现,也应该在分析原因之后适当地下调。

(3) 管理者需要提高对绩效目标的认识。

管理者既不能将需要达到的目标和切实可行的目标混淆,也不要寄希望于将所有需要解决的问题都包含在绩效目标之中。同时,需要清楚所有绩效目标都必须为组织战略目标服务,保障目标体系在纵向上注重协同性和一致性,在绩效周期上注意长、中、短兼顾,在重要性上注意重点突出。

2. 确定绩效指标

1) 绩效指标的选择依据

绩效考核指标的选择依据离不开绩效考核的目的、被评价者承担的具体工作内容和绩效标准。同时,基于绩效评价的可操作性来看,选择绩效指标还要考虑获取绩效信息是否便利,这样才能够科学、准确地评价绩效指标。所以,选择绩效指标要综合考虑绩效考核的目的、被评价者承担的具体工作内容、绩效标准以及获取绩效信息的便利度。

2) 提取绩效指标的方法

在绩效指标的提取中,有两个来源渠道:一是部门和员工的工作任务,二是企业的战略目标。提取绩效指标的具体方法有工作分析法、经验总结法、业务流程分析法、专题访谈法、个案研究法以及问卷调查法等六种。

首先,使用工作分析法来提取绩效指标,要分析该职位的任职者应该具备什么能力,承担什么工作职责;其次,针对任职者的工作职责和能力要求来明确用哪些绩效指标进行衡量,以及不同能力和工作职责在胜任该职位上的重要程度,从而确定该职位的绩效指标。

经验总结法一般分成个人总结法与集体总结法两种类型,该方法强调很多专家共同研讨和总结经验,提炼规律。其中,个人总结法让人力资源管理专家或者在人力资源部门工作的人员来回顾自己的工作，分析成功或者最不成功的人力资源管理决策，在总结经验的基础上得出员工绩效评价指标库；集体总结法主要召集一些人力资源管理专家或者组织相关部门的主管们(大概 6～10 人)来共同回顾过去的工作业绩，列示评价某类工作人员的惯用指标，提出新的绩效考核指标。

业务流程分析法主要通过分析被考核者在业务流程中担任的角色、职责和上下级之间的关系来明确绩效指标，在这个过程中，如果发现业务流程有问题，应该及时优化流程或者进行企业流程再造。

专题访谈法采取的是面对面谈话，通过口头沟通来获取该职位工作的特点、对从事该职位的员工的基本要求和怎样检验工作绩效的指标信息。

个案研究法包括典型事件研究和资料研究。前者将典型人物的工作情景、工作表现和工作业绩作为直接对象，系统观察和研究分析典型人物所代表的群体的绩效评价指标。资料研究将代表典型人物或者事件的文字资料作为研究的对象，对比分析和总结归纳这些资料，提炼出绩效评价指标。

问卷调查法是指研究者根据需要设计调查的内容，形成调查表，注明填表要求，发放给调查对象来填写，以便收集和分析不同人员意见的研究方法。按照问卷答案的形式，该研究方法分为封闭式问卷和开放式问卷两大类。比如，通过访谈法，研究者对某项职务人员设计了 40 个绩效考核指标，要从这 40 个绩效考核指标里挑选出关键绩效指标，就可采用问卷调查法进行调查。

3. 设计绩效标准

绩效标准反映了组织对岗位工作的要求，只有在确定绩效标准的基础上，才能根据员工的具体情况有针对性地制定出详细的绩效目标并制订绩效计划。

1) 确定绩效标准的方法

确定绩效标准的方法很多，早在 20 世纪初期，学者们就开始对工作方法进行研究，人们通过程序分析、操作分析和动作分析，确定各个岗位的工作标准。现代人力资源管理中的工作分析，将岗位的工作内容分解为较小的任务，使我们能够更容易地对工作进行评价和管理。根据岗位的工作说明书来制定绩效标准，成为较常用和简便的一种方法。

(1) 根据工作说明书确定岗位工作要项。

工作要项在工作说明书中被逐条陈述，主要涉及岗位工作的重要工作职责。可以说，工作要项是确定工作标准的前提，和岗位工作息息相关。因此，明确岗位绩效标准的第一步就是明确岗位的工作要项，而制定工作要项的基础就是工作说明书中对工作内容和工作职责的界定。

一般来说，工作要项的数量没有明确的限定。

(2) 将工作要项转化为绩效标准。

前面已经提到，绩效标准源自管理者和员工双方的沟通协调，在协商一致的情况下制定出来，因为让员工参与绩效标准的制定不仅有助于避免双方在绩效考核中产生分歧，而且可以通过员工参与来激励他们达到甚至超过标准。如果某项工作只有一个人在做，那么管理者与该员工共同制定绩效标准；如果该工作不止一个人在做，则这些员工中起码应有相当人数的代表参与到制定绩效标准的工作中。当管理者和员工的意见出现分歧时，管理者必须做出最后的决定。

2) 绩效标准设计时应注意的问题

(1) 绩效标准的压力要适度。

值得注意的是，绩效标准的制定要体现为大多数人只要努力就可以达成，因为绩效标准的可行性有助于员工更好地发挥潜能。如果绩效标准定得太高，可望而不可及的话，容易使员工沮丧甚至自暴自弃。但是，绩效标准定得太低也不利于员工积极进取，因为很多实践表明，在适当的压力下员工能够获得更好的业绩。所以绩效标准的水平应该适度，源于绩效标准的压力要有助于提高劳动生产率。

(2) 绩效标准要有一定的稳定性。

作为考核员工工作业绩的权威尺度，绩效标准应该具有一定的稳定性，所以在一般情况下，只要制定出绩效标准，最好不要轻易修改基本的框架，但当工作环境和工作形式发生较大变化的情况下，就需要及时修订绩效标准。但是要把握一个原则，即使修订也仅仅是局部的、对某些条款的变动，而不需要做大幅度的变动。举例来说，对于新成立的公司而言，因为经验不足，绩效标准不太完善，免不了经常性地修订绩效标准，对于该公司来说，构建绩效考核标准的有效方式就是多参照国内外先进绩效标准，学习同行业其他公司的经验。

(3) 制定的绩效标准应符合 SMART 原则。

SMART 原则作为制定绩效标准和绩效目标的常用原则，企业在制定绩效标准的过程中，需要常常关注和思考是否违背了这些原则，如何修订才能吻合 SMART 原则。

以上只是对绩效指标与绩效标准的总体概述，在实际应用中不可生搬硬套。实际上，规模较大的企业一般都有自己独立的绩效管理体系和方法。当前比较流行的绩效管理方法包括目标管理法、平衡计分卡法、关键绩效指标法和标杆超越法等。每一种绩效管理思想对绩效指标与绩效标准的设计都有独特的要求。实践中，我们应该将这些绩效指标与绩效标准的设计理论和方法与企业的绩效管理系统结合起来。

3.2 实战训练

绩效计划模块包括绩效计划的简介及制定绩效计划的流程，绩效计划的流程包括：明确组织目标、制定部门计划目标、建立关键绩效指标及其考核标准、确定各项指标权重、制订具体行动计划、完成绩效任务书。对绩效管理专业技能实训系统的绩效计划模块详细介绍如下。

单击"绩效计划"进入该模块，可在侧边栏单击进入相应模块。进入"绩效计划"界面，出现绩效计划的简介及其操作流程和案例，如图3-1所示。本实训平台目前有三个案例："霞客纺织"案例、"辉煌计算机公司"案例和"星泰教育"案例，可由教师使用一个或者多个案例，进行绩效计划实训环节。在这里选择的是辉煌计算机公司。

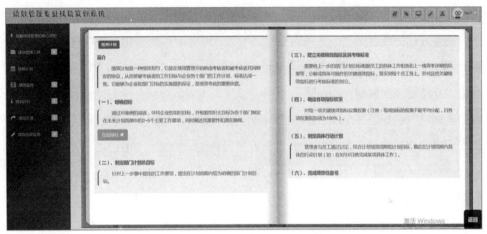

图3-1　绩效计划

学生在图3-1所示的界面中单击"查看案例"按钮，新弹出的网页显示的是"辉煌计算机公司"案例(见图2-4)，学生自主阅读案例并完成相应练习。

3.2.1　明确目标

1. 组织目标

在商定绩效目标的时候，实际工作情景中，管理者应该按照组织战略和上级部门的目标进行分解，围绕本部门的工作职责、工作重点以及业务流程要求来确定本部门的工作目标，确保本部门和本岗位的工作吻合组织的总目标。在本案例中，绩效目标大致有以下三个来源：

首先是企业的战略目标或部门目标。通过阅读案例，可以发现辉煌公司的企业战略是：

"……为每一位顾客提供真挚的服务。在未来 5 年内，成为该行业的领先者，让我们的产品成为顾客的首选目标。"提出了"两个转变，两个调整"的发展战略目标，即从"全国化战略"向"国际化战略"转变，深化"技术"，努力向"品质"转变；从"快速发展"调整到"稳健发展"，从"产品线管理"调整到"品牌线管理"。同时，部门的目标来源于组织战略目标，员工个人目标来源于部门目标的分解，充分体现出目标体系的相互支撑。因为这样分解后，才可以确保每位员工是根据企业的要求和方向去努力，相应的企业战略目标才会实现。

其次是员工的岗位职责。在组织中，作为描述某个岗位应该承担的角色，岗位职责界定了该岗位对组织的贡献或者产出是什么。因此，在本案例中要针对具体的工作岗位设计工作说明书，详细描述岗位职责，内容相对比较稳定，除非岗位本身发生调整。

最后是业务流程目标。组织通过业务流程实现组织产出，而业务流程的目标和实现手段受到组织内、外部客户的需求驱动。所以，在阅读案例的过程中要绘制出辉煌计算机公司的业务流程图，在设置部门或者员工个人绩效目标的时候，必须兼顾组织内、外部客户的需求，以保证业务流程的上下衔接以及组织整体绩效目标的实现。

单击"立即前往"按钮，即可进入"明确目标"实训，理解并学习明确目标的理论知识，然后根据案例，明确并填写组织目标，全面考虑以上三个方面，从系统的角度对组织目标、岗位目标和业务流程目标结合思考，确保目标设置得科学、合理，如图 3-2 所示。

图3-2　填写组织目标

2. 工作要项

(1) 学生根据工作说明书确定工作要项，工作要项是针对岗位工作来说的，是确定绩效标准的基础。因此，学生确定绩效标准的第一步就是先明确不同岗位的工作要项，而工作要项需要根据工作说明书来确定。

接下来需要回顾的知识点是，岗位职责的重要性以及判断重要性的依据，花费时间和产出贡献是我们衡量工作重要性的最简单方法。总的来说，重要性强的工作是指贡献性突出、必要发生的工作内容。如果两者同时满足，我们才需要把它纳入工作要项中。至于多条岗位职责应该确定多少条工作要项的问题，在企业实践中，多半因主管而异。有些主管几乎认为所有的工作都是重要的；而有些只选择 4~6 项有意义的工作。因此，工作要项的数量无一定规则，但工作要项的表述是简洁的动词或者动宾短语。接下来我们以出纳岗位为例，详见表 3-1，来看看工作职责是如何转化为工作要项的。

表3-1　工作要项提取实例

职位名称：出纳
工作说明书中提炼列示的工作职责： 　　办理现金收付以及银行结算业务 　　审核原始凭证，以此来收付各种款项 　　办理外汇的出纳业务 　　编制和打印现金与银行存款余额日报单，并且核对库存 　　核对银行账目，编制银行存款余额调节表 　　掌握货币资金的余额，及时提供相关数据 　　保管库存的现金和各种有价证券 　　保管印章、空白收据以及空白支票
工作要项： 1、结算；2、审核凭证；3、出纳；4、对账；5、保管

(2) 根据案例填写计划使用时间以及各部门的工作要项。若增加部门，请单击第一个"+"；若增加部门的工作要项内容，请先勾选该部门的工作要项，再单击第二个"+"；删除部门请单击"-"。如图 3-3 所示。

图3-3　填写计划使用时间以及工作要项

3. 重要性

工作要项的重要性意味着比较不同工作内容时在重要程度上体现出来的差异，为后续提炼绩效指标的权重赋值提供参考依据。以出纳岗位为例，在五个工作要项上进行比较，可以说明

"结算"的重要性大于"保管",据此,学生针对"辉煌计算机公司"案例中不同岗位提炼出来的工作要项,进行重要性的排序和说明。

4. 潜在障碍

此外,我们还要关注完成这些工作要项有哪些潜在的障碍,这需要主管和员工进行充分的双向沟通,潜在障碍的描述属于设定计划时进行的前瞻性思考。对岗位目标、岗位职责把握得越清晰,对人、财、物等资源的考虑越全面,对企业内、外部环境分析得越深入,潜在障碍考虑得才越充分和具体。之所以称为潜在障碍,说明了一种可能性,管理的有效性就体现在对不确定性的把控上,在制订绩效计划的时候就预见到这些障碍,做好相应的预案和应对策略,有助于绩效计划的顺利实施。学生针对"辉煌计算机公司"案例,看看不同岗位在实现既定目标时,会存在哪些潜在障碍,用文字表述出来。

填写完成后,单击"查看"按钮,查看解析,如图 3-4 所示。

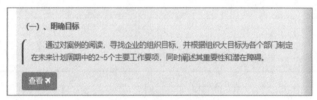

图3-4　查看目标解析

3.2.2　制定部门计划目标

在战略性绩效管理实践中,制定部门计划目标要遵循 SMART 原则,其具体含义如下:

第一,绩效目标应该是明确具体的。"S"(Specific)说明绩效目标要具体化、明确化,可以具体到每位员工的绩效目标上,即必须落实到具体的岗位和人员,或能对应到具体的个人。比如,在本案例中,人力资源部门的绩效目标是"第一季度 20%的时间用于培训新员工",而不是"利用淡季进行员工培训"等。第二,绩效目标应该是可衡量的。"M"(Measurable)是指绩效目标可以衡量,可以把员工的实际业绩表现和绩效目标进行比较,举例来说,在本案例中,辉煌计算机公司销售部门确定的绩效目标是"提高客户满意度",就不符合可衡量的原则,应修订为"客户满意度达到 97%"。需要指出的是,可衡量并不一定要绝对量化,不能量化的就要可行为化。具体描述如何做,做到什么程度。第三,绩效目标应该是可达到的。"A"(Attainable)是指目标通过努力就能够实现。切实可行是在挑战性和现实性之间找到一个最佳的平衡点,即部门或者员工通过努力可以达到的可行的绩效水平。第四,绩效目标应该与战略相关联。"R"(Relevant)指绩效目标体系要与组织战略目标相关联,无论是部门绩效目标还是个人绩效目标都要和组织目标相关联。因此在制定绩效目标的时候,应该清晰地界定组织战略,在分解和承接组织战略的时候,应该避免错误推理,防止制造出表面合乎要求但实际上对于组织战略毫无贡献甚至会起反作用的绩效目标。第五,绩效目标应该具有时限性。"T"(Time-based)是指完成绩效目标应该有时间的限制。实际上,时间限制是为了引导对绩效目标的实现方式,按照岗位任务和职责的权重分配,考虑事情的轻重缓急,例如,本案例中销售部门上半年实现大客户增长率 5%,这个目标确定的时间限制就是 6 月 30 日。

单击"立即前往"即可进入"制定部门计划目标"实训,理解并学习制定部门计划目标的理论知识,根据案例,填写部门计划目标,如图 3-5 所示。

图3-5　填写部门计划目标

最后,单击"立即提交"按钮,提交后,可在原处单击"查看",查看教师上传的解析,如图 3-6 所示。

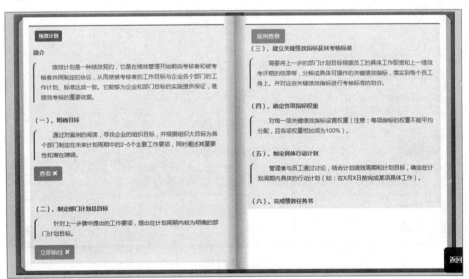

图3-6　查看解析

3.2.3 建立关键绩效指标及其考核标准

建立关键绩效指标时，应该注意绩效指标的设计原则，主要包括：①少而精的原则，②定量为主、定性为辅的原则，③指标的独立性和差异性原则，④可测性原则，⑤目标一致性原则等。结合案例，遵循上述原则，进行员工关键绩效指标的设定。

单击"立即前往"按钮，弹出弹框，依据上一步骤填写的工作要项和部门计划目标，选择对应的岗位及部门，确定关键绩效指标和绩效考核标准，"+""-"表示增加或减少，填写完成后单击"提交"，完成操作。如图3-7所示。

图3-7　员工绩效标准设定

提交答案后可在原处单击"查看"，查看教师上传的解析，详见图3-8。

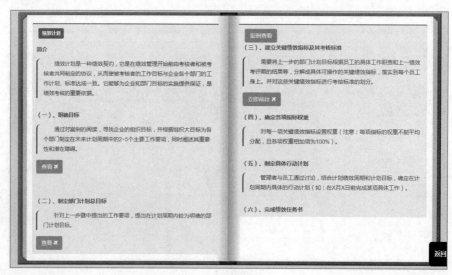

图3-8　查看解析

设计绩效标准的时候，必须理解和灵活运用有关的理论知识。绩效标准与员工的各个岗位职责密切相关，如果组织没有建立完善的工作说明书，制定绩效标准的过程就始于工作分析。首先是背景信息的收集与整理，确定岗位的工作说明书。其次，必须从最基础的工作分析开始。

第一步，收集与工作有关的背景信息，确定岗位工作说明书。

第二步，明确工作规范。

第三步，按照工作说明书以及主要工作事项和工作量，同时按照每位员工的工作内容来明确相应的绩效标准。

第四步，主管和员工要充分沟通和磋商，针对明确的职务标准修订绩效标准，达成共识。

在实训过程中，单击"+"可以增加项目，单击"-"可删减项目，单击"立即提交"完成该步操作，如图3-9所示。

图3-9 员工绩效标准设定

提交答案后可在原处单击"查看"，查看教师上传的解析，如图 3-10 所示。

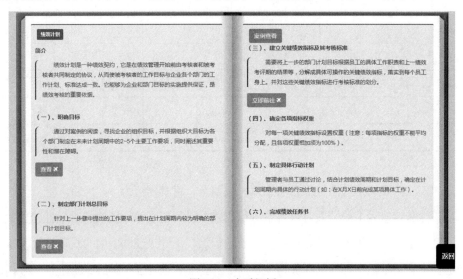

图3-10 查看解析

3.2.4 确定各项指标的权重

确定绩效指标的权重意味着明确不同绩效指标的重要性程度，权重的差异会影响部门与员工对于绩效指标的重视度。从理论上说，设计指标权重的方法主要有：主观经验法、等级序列法、对偶加权法、倍数加权法和权值因子判断表法等。

主观经验法根据历史数据与专家主观判断来明确权重。主要优点是成本低，决策效率高，容易为人接受，适用于专家治理型的企业以及规模较小的企业；这种方法的主要缺点是在一定程度上具有片面性，导致所获得数据的信度与效度不高，同时对决策者的能力也提出了很高的要求。

等级序列法一般是以评价小组为单位对绩效评价指标的重要性进行讨论判断，相对来说是简单易行的方法。在实训过程中，首先按照绩效评价指标的重要程度依次排序，可以得到次序量表资料，从而区分出不同考核指标间重要程度的差异性。

对偶加权法是比较不同绩效考核要素并且汇总比较结果得出权重的加权方法。如表 3-2 所示，在首行和首列中分别列出各种绩效考核要素，然后把每行中的绩效考核要素和每列中的绩效考核要素逐一比较。比较的标准是，每行中绩效考核要素的重要性大于每列中绩效考核要素就得到 1 分，每行中绩效考核要素的重要性小于每列中绩效考核要素的重要性就得 0 分。这样比较结束后，就统计每个绩效考核要素的分值，可以排序每个绩效考核要素的重要性。

表3-2 对偶加权法示例

考核要素	A	B	C	D	E
A	—	1	0	1	1
B	0	—	0	1	1
C	1	1	—	1	1
D	0	0	0	—	1
E	0	0	0	0	—

倍数加权法需要先挑选出最次要的绩效考核要素，将其赋值为 1，然后，把其他绩效考核要素的重要性和赋值为 1 的绩效考核要素进行比较，得到该绩效考核要素重要性的倍数，然后处理。举例来说，对销售人员的绩效考核要素进行加权，详见表 3-3 中的六项绩效考核要素。假如确定智力素质是最次要的，就拿其他绩效考核要素的重要性和智力素质进行比较，得到重

要性倍数关系的总数是 14.5，所以，各项绩效考核要素的权重就依次是 1.5/14.5、2/14.5、1/14.5、3/14.5、5/14.5 和 2/14.5，再换算为百分数就是各绩效考核要素的权重。

表3-3 倍数加权法示例

考核要素	与智力素质的倍数关系
品德素养	1.5
工作经验	2
智力素质	1
推销技巧	3
销售量	5
信用	2

权值因子判断表法的基本操作步骤为：首先组建专家评价小组，然后制定评价权值因子判断表，如表3-4所示。各位专家分别填写评价权值因子判断表。具体来说，把每行因子和每列因子相比较。比如，假设采取4分值的话，赋分结果依次表现为，非常重要的指标就是4分，比较重要的指标就是3分，重要的指标是2分，不太重要的指标是1分，不重要的指标是0分。

表3-4 权值因子判断表

评价指标	指标1	指标2	指标3	指标4	指标5	指标6	评分值
指标1	×	4	4	3	3	2	16
指标2	0	×	3	2	4	3	12
指标3	0	1	×	1	2	2	6
指标4	1	2	3	×	3	3	12
指标5	1	0	2	1	×	2	6
指标6	2	1	2	1	2	×	8

最后，统计各专家填写的评价权值因子判断表，把统计结果折算成权重，详见表3-5所示。值得注意的是：每项指标的权重不能平均分配，且各项权重相加须为100%。

表3-5 权值统计结果表

评价指标	考核人员								评分总计	平均评分	权重	调整后权重
	1	2	3	4	5	6	7	8				
指标 1	15	14	16	14	16	16	15	16	122	15.25	0.25417	0.25
指标 2	16	8	10	12	12	12	11	8	89	11.125	0.18254	0.20
指标 3	8	6	5	5	6	7	9	8	54	6.75	0.11250	0.10
指标 4	8	10	10	12	12	11	12	8	83	10.375	0.17292	0.20
指标 5	5	6	7	7	6	5	5	8	49	6.125	0.10208	0.10
指标 6	8	16	12	10	8	9	8	12	83	10.375	0.17292	0.15
合计	60	60	60	60	60	60	60	60	480	60	1.00001	1.00

单击"立即前往"即可进入"确定各项指标权重"实训,依据前面填写的内容,设置指标权重,如图 3-11 所示。填写完成后单击"立即提交"按钮。

图3-11 确定各项指标权重

提交答案后可在原处单击"查看",查看教师上传的解析,如图 3-12 所示。

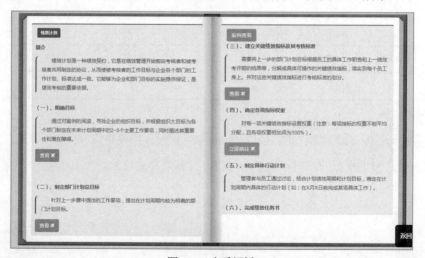

图3-12 查看解析

3.2.5 制订具体行动计划

很多组织在制定完绩效目标、绩效指标和绩效标准之后,就认为绩效计划的制订已经结束,从而忽略了完成目标、指标和目标值需要用具体的行动方案来做行动支撑。因为只有把企业的长期战略规划与短期行动计划有机联系起来,才能提升组织执行力以及协同性,也才能确保战略落地。但是,如何将两者紧密联系起来却是管理者面临的重大挑战。

作为绩效计划的重要组成部分,确定战略行动方案至关重要,在确定战略行动方案的过程中,还要体现行动方案系统的相互协同与一致,来共同实现组织战略目标,所以在制订绩效计划的过程中,必须面对的挑战之一是如何组合各种行动方案。

单击"立即前往"即可进入"制订具体行动计划"实训,根据案例,将长期战略规划与短期行动计划连接起来,填写具体可行的行动计划,单击"立即提交"完成该步,如图3-13所示。

图3-13 制订具体行动计划

提交答案后可在原处单击"查看",查看教师上传的解析,详见图3-14所示。

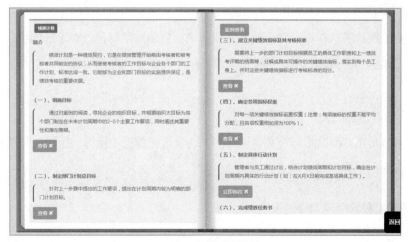

图3-14 查看解析

3.2.6 完成绩效任务书

通过周密准备并与员工充分沟通之后，就可以初步形成绩效计划任务书。管理者和员工针对双方共同协商达成的绩效计划任务书进行审定和签字确认，即签订绩效任务书。所谓绩效任务书，是指管理者和员工就员工工作的绩效标准和目标达成的一致性契约。

1. 绩效任务书的内容

在员工的绩效任务书中，应包含以下几方面的内容：

(1) 员工在本次绩效期间内要达到的工作目标是什么？
(2) 达成目标的具体结果如何？
(3) 这些结果可以从哪些方面去衡量，评价的标准是什么？
(4) 从何处可以获得员工工作结果的信息？
(5) 员工各项工作目标的权重是怎样的？

总之，管理者和员工充分沟通后达成共识形成绩效任务书。在达成共识的环节中，管理者和员工双方各自需要清楚自己说明的部分，根据绩效计划前的准备进行。

2. 管理者应向员工解释的事项

(1) 公司远期目标和近期目标各是什么？现在公司面临什么机遇和挑战？
(2) 为了完成公司的整体目标，所在部门的目标是什么？
(3) 为了达成上述目标，员工的工作重点以及上级对其的期望具体是什么？
(4) 对员工的考核指标是什么？
(5) 绩效目标和绩效标准是什么？

针对定量的绩效考核指标，必须用具体数值来明确绩效目标；针对定性的绩效考核指标，要确定工作应该达到的具体标准。不管是定量还是定性指标，都要明确指出完成该工作的截止时间。

(6) 各个考核指标的关系和权重是什么？

应明确告诉员工，哪些指标是必须达到的，这类指标是否决指标，如果这些指标未达到目标或标准，其他的工作将没有意义。

3. 员工需要和管理者沟通的事项

(1) 员工个人对公司目标和部门目标的认识程度，对公司目标和部门目标如果有不理解的地方要借这个机会提出来；

(2) 对自己工作目标的规划和打算；

(3) 员工完成个人工作的过程中会遇到的棘手问题，如果需要资源支持，就明确提出来。

经过主管和员工的反复沟通，力争达成公司目标、部门目标和员工个人工作目标的协调一致，并且明确为完成上述绩效目标，公司对部门以及部门对个人分别需要提供什么资源和支持。这样，各级管理者都紧密关注下属员工的工作意向和进展，同时提供具体的业务指导和资源支持，只有这样才能促进个人完成绩效任务书，部门、公司也就才能完成目标。

单击"查看"即可进入"绩效计划"实训，如图3-15所示。

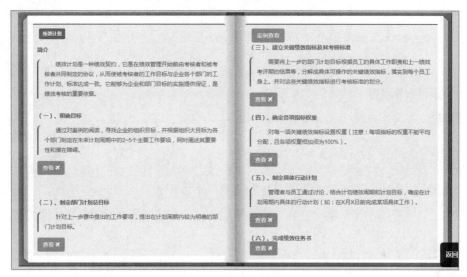

图3-15　绩效计划页面

单击"查看解析"按钮，即可查看教师上传的解析，如图3-16所示。

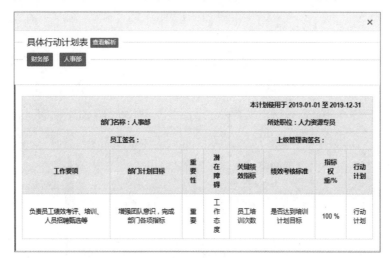

图3-16　查看具体行动计划表

第 4 章 绩效监控

绩效监控通常是指在全绩效周期内,绩效管理人员运用有效的领导手段和风格,有效指导下属员工的工作,与下属员工进行不间断的绩效沟通,预测、解决整个绩效管理周期中可能出现与发生的所有问题,为顺利完成绩效计划而进行的工作。在绩效监控的各环节中,绩效管理人员承担两项核心的工作任务:首先需要通过不断与员工沟通,并支持员工工作,纠正其工作目标与工作任务之间的偏差;其次需要详细记录员工的在工作过程中关键事件或有效的绩效数据,为绩效评价提供有价值的信息。

4.1 知识要点

在工商类企业、服务类企业中,不论是职能部门还是业务部门,无论是管理者还是基层一线员工,对于不同的职位、不同的层级而言,绩效监控的具体内容也有很大的差异性,并非统一和固定的,大多数企业会根据自己企业工作实际的不同而具体确定。本章将从绩效监控的内涵、绩效监控的流程、绩效监控的作用等方面进行具体而详细介绍。

4.1.1 绩效监控的内涵

绩效监控是绩效计划和绩效评价的链接环节，是贯穿于整个绩效管理中且持续时间最长的环节。绩效监控的目的和绩效监控的内容具有很高的一致性。因此，绩效管理人员开展绩效监控的具体内容是从组织开始制订绩效计划环节中的绩效评价要素、绩效评价的核心指标以及绩效评价目标就已经开始介入，而在绩效实施的过程中进行监控所得到的信息也正是绩效周期结束时评价阶段需要的。绩效监控贯穿于绩效管理的始终，在监控的过程中遵循 PDCA 循环的理念，及时发现绩效管理中心的问题并根据问题提出相应的解决措施。

4.1.2 绩效监控的流程

绩效监控的流程如下：

1. 组建绩效监控小组

组织与合作伙伴根据绩效评定的目的选派若干名与绩效管理工作相关的员工组建绩效监控小组，绩效监控小组成员可以包括组织内部绩效管理专家或人力资源部的绩效专员、企业相关的高层管理者、绩效考核岗位的直接负责人或直接上级等。绩效监控小组承担整个企业绩效管理的监控过程，核心的工作内容应该包括组织绩效监控的目的的确定、整个绩效监控的有效评价指标体系的确定、考核周期及阶段考核时间的确定等多方面的内容。

2. 绩效监控评价阶段

绩效监控小组在对组织总体任务进行分析的基础上确定企业进行绩效监控的目的。大部分企业为了保证绩效监控的体系更具指导意义，绩效监控小组通常会将绩效考核的时间、绩效考核的具体内容、绩效考核的详细标准及准则等考核内容拟定成绩效考核合同，在与被考核员工达成绩效考核条款认知一致后与其签订绩效监控合同。合同生效后绩效监控小组成员会严格按照绩效合同的内容对被考核员工进行绩效监控，绩效评定小组从合作伙伴或员工那里获取绩效评价所需要的信息，并根据要求选取合适的绩效评价方法对员工的工作绩效进行有效的综合评价。

3. 绩效评价结果处理阶段

绩效监控小组在收集及分析绩效数据后，会将绩效考核的评价结果及时反馈给被考评者，如果被考评者对绩效评价的结果有异议,可以以书面形式向绩效考核小组提出重新进行绩效认定的要求。绩效考核的结果可以被企业用来作为员工晋升、淘汰、奖励及处罚的有力依据进行使用。

4.1.3 绩效监控的作用

在绩效管理中,绩效监控过程能否行之有效、绩效管理人员的绩效监控能否成功,将会受到很多因素的影响,但是绩效管理者的管理风格的选择和对下属(被考评者)绩效辅导的水平;绩效管理人员与被考评者之间绩效沟通的有效性;绩效评价信息的准确性和有效性是决定了绩效监控是否能够有效实施的三个关键点。

1. 绩效监控是有效的绩效沟通的基础

绩效沟通要想顺利开展,管理者必须能收集到绩效管理的最完整的信息,通过绩效监控环节绩效管理者可以具体参与到绩效管理的实践中去,掌握最完整和详细的绩效管理中存在的问题信息,这会为后续的绩效沟通奠定扎实的基础。

能够有效地开展绩效沟通工作是绩效管理的核心工作之一,绩效沟通是指企业中的考核者与被考核者就绩效考评中反映出来的问题以及绩效考核体系本身存在的问题展开的实质性的沟通,这种沟通着眼于寻求对绩效中存在问题的应对之策,服务于后一阶段企业与员工绩效改善和绩效提高的一种管理方法。绩效沟通在整个人力资源管理中占据着相当重要的地位。

绩效沟通是技术要求相对较高的一种沟通,在具体的沟通实践中,管理者需要运用各种各样的沟通技巧和方法。这些技巧五花八门,散见于各种各样的管理培训教程、沟通技巧教程中。

1) 积极倾听技巧

沟通是一个双向的过程。从表面上看,这种双向性表现在沟通双方不仅要通过沟通的过程向对方传递信息乃至想法,而且需要通过沟通的过程得到所需的信息。从前面谈到的沟通过程模型可以看出,双向性沟通更深层次的含义在于,信息发出者并不是单向地发出信息,同时也需要根据信息的接收者通过自体对接收到的信息进行相应的处理和反馈,以此来确定与信息发出者进行沟通的方式和内容。

在企业管理实际中,有一些绩效管理者在绩效沟通中经常会忽略积极倾听他人意见和建议的意义,特别是在与参与绩效评定的下属进行沟通时,通常会失去该有的耐心,过于强势和主观臆断,这样的做法就可能严重影响沟通的质量,甚至还可能影响到上下级之间的良好工作关系和工作气氛。在绩效管理中，我们认为绩效沟通中的双方都应该具备积极倾听的愿望和技巧，以此来获取充分的绩效信息，使整个绩效沟通的过程能够顺利开展和进行。

2) 非语言的绩效沟通技巧

绩效沟通不是一个单纯、简单的语言传递过程。一个有效的绩效沟通过程中，参与绩效沟通的双方也需要通过一些非语言的信息来传递各自的观点与想法。在绩效沟通中采用一些友善的肢体语言，对于沟通对象也能产生良好的影响。绩效沟通双方如果可以很好地运用非语言沟通技巧，也会促使一场有效的绩效沟通顺利完成。

3) 绩效沟通中组织信息的技巧

在绩效沟通过程中由于绩效沟通双方的生活背景、经历以及个人观点和社会及职位地位方面的不同，绩效沟通的双方会对绩效沟通的内容产生不同的认知和理解。因此，怎样组织绩效沟通的信息，便于绩效沟通的双方对于绩效沟通内容的准确理解，就成了保障沟通质量的重要决定性因素。在收集和组织绩效信息的过程中，绩效管理人员和参与考评的被考评人之间需要保障绩效信息的完整性和准确性。在绩效沟通中完整准确的信息才有利于沟通双方达成信息共识。

2. 绩效监控有利于绩效管理人员开展绩效指导工作

在企业开展绩效监控的过程中，参与绩效管理的管理人员根据组织制订的绩效计划，选择及采取合适的领导和管理风格，对被考评者进行有效的绩效指导，确保被考评者在工作不偏离组织既定战略目标的同时，提高其在整个绩效周期内的绩效水平以及长期胜任素质的过程被称为绩效指导。

1) 绩效指导的作用

企业预期开展有效的绩效监控工作，势必首先要对组织中参与绩效管理工作的人员进行绩效指导，对员工的绩效指导是指在企业绩效管理体系，采用 PDCA 的管理理念，不仅让绩效管理者还包括参与绩效管理的员工能够在绩效管理实施前和实施中前瞻性地发现系统运行可能会存在的问题，并能针对可能出现的问题快速做出反应，提出相应的解决问题的方案，同时还在于能把绩效管理者与被考评员工紧密有效地联系在一起，参与绩效考评的双方可以就存在和可能存在的经常性的绩效考核问题进行讨论，以此达到共同协商解决问题，消除障碍，共同进步和提高，实现企业高绩效管理的目的。绩效指导还有利于建立绩效双方良好的工作关系和和谐的工作气氛。

综上而言，企业进行绩效指导工作的作用如下：①让参与绩效考核的双方了解和认知彼此的工作进展情况，有利于双方进行及时的协调和工作调整；②让上级了解下属员工在实际的工作和绩效实施过程中碰到的影响绩效实施的障碍因素，有效发挥上级领导指挥和协调的作用，帮助被考评者解决实际工作困难，快速地提高绩效、完成绩效目标；③在绩效目标实现的过程中，上下级之间可以通过有效的快速沟通避免绩效考核时意外的发生；④上下级掌握的绩效考核信息的一致性，使整个绩效考核目的性明确、说服力强；⑤绩效管理的上级能以最快的速度帮助下属员工协调工作中存在的困难及不便，使之更有信心完成本职本岗位的工作。与此同时，在绩效指导的过程中，绩效管理中提供的被考评者所需要达成绩效的信息，让被考评者及时了解和掌握上级对工作的要求和现行工作以外的绩效改变，以便绩效双方保持步调一致，共同达成绩效目标。

企业中绩效指导的根本目的就在于对被考评人员在绩效计划的实施过程进行有效的合理管理，因为只要绩效管理的过程都在可控制的范围之内，绩效考评的结果就应该在管理预测的范围内。

2) 企业中绩效指导的分类

在企业的绩效管理工作中，绩效指导是为参与绩效的双方，特别是对被考评员工的工作内容及标准提供有效支持的过程。根据支持的内容不同，可以把员工的绩效指导分为两类，一类是作为考评者的管理者，能够提供给被考评者的技能和知识方面的支持，帮助被考评者矫正不当和不理想的行为；另一类是考评者在职位权力、人力、财力等方面的有效资源的支持，帮助被考评者获取绩效工作开展所必备的各种资源。

(1) 矫正员工的各类行为：在被考核者需要或者出现目标偏差时，及时对其进行矫正。一旦被考核者能在工作职责范围内履行职责，按预期的计划开展合理的工作并且工作目标没有出现偏差，就应该尽量放手让被考核者自己完成工作，实现自我管理。

(2) 提供合理的资源支持：被考核者由于自身工作职能和工作权限的制约，在很多方面可能会遇到人、财、物、信息等企业资源调用的困难，而这些资源正是被考核者完成工作所必须具备的，此时，上级考核者应向被考核者提供必要的各项资源的支持，协助其完成工作目标和相应的任务。

3) 绩效指导的时机

为了对被考评者进行有效的绩效指导，协助被考评者发现在绩效考核过程中存在的各类问题，并选用合适的方法和技术解决此类问题，更好地实现企业既定的绩效管理目标，考核者一定要掌握进行绩效指导的关键时机，保证能有效地、及时地、合理地对被考评者进行相关的指导。

一般而言，在一定的时间段引入绩效指导会取得良好的效果，比如：被考核者正在从事一项正常的工作任务，而考核者认为如果他们采取其他工作方法或技术能够更加有效地完成此项工作任务时；被考核者由于技能欠缺不能按时、按照标准完成已确定的工作任务时或者搞不清工作的重要性时；被考核者有机会面临一种崭新的职业发展空间或机会时；被考核者被安排参与一项非同寻常或重大的工作项目时；被考核者正在学习和运用一种新的技能等现象时。

对被考核者进行绩效指导时，绩效的考核者需要通过多种途径获得关于被考核者的绩效考核基础信息，持续有效的绩效监控非常有利于考核者获得反映被考评者的绩效所必需的信息。这些信息包括KPI的绩效指标、考评的主体、考评的周期、考评的标准等。由此而知，绩效指导不是一种被动、形式上的行为或一项临时性的活动，而是通过使用一种(或几种)特定的有效方法收集评定员工绩效的所需数据，如关键事件记录法等，使绩效考评者获得关于被考评者的足够信息，确保绩效管理者的指导能够高效、合理地进行。

4.2　实战训练

在整个绩效管理的系统中，绩效考评者可以依据已确定的绩效计划，与被考核者进行不定期或定期的有效的绩效沟通，对绩效计划的执行情况进行全程监控，这个过程就是绩效监控。"绩效监控"主要包括领导风格、信息收集、绩效沟通和绩效指导四个方面，如图4-1所示。

图4-1　"绩效监控"页面

4.2.1　领导风格

领导风格又被称为绩效管理者的行为模式，绩效管理者在指引被考核者时，会采用不同的管理者行为模式达成企业既定的绩效目标。企业的管理者风格就是管理者习惯化的领导方式所表现出的各类特点。企业的领导方式具有一定的习惯化特征，因为它是在长期的个人经历、管理者实践工作中形成的，并在企业管理实践中自觉或不自觉地起到稳定作用，具有很强的个性化色彩的个人领导风格。

在企业绩效管理的实际工作中,我们要认识到:每一位绩效管理者都有与曾经工作的工作环境、工作经历和管理者的个性特点相联系的以及与其他领导者具有明显差异性的管理风格和管理特点。研究管理者的领导风格的意义在于它更能更精彩地反映现实的管理者活动,解释领导风格和领导特点的有效性的差异,在绩效监控过程研究中的领导风格主要可以依据领导的情景理论和领导的路径—目标理论来进行研究。在实训系统中,我们侧重于模拟这两种理论的应用。

在实训系统"绩效监控"操作页面中,单击"领导风格"查看简介、领导情境理论及模型、路径—目标理论及模型,如图4-2所示。

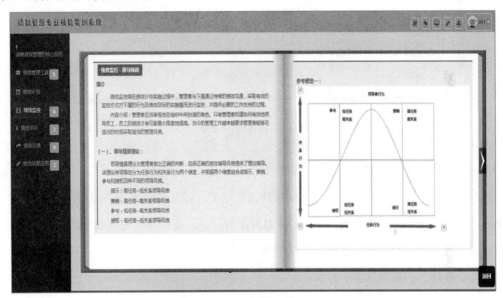

图4-2 领导风格

1. 基于领导情境理论的领导风格

领导情境理论为绩效的考核者做出正确的判断,选择正确的绩效指导风格提供了理论指导。领导的情境理论划分领导者的行为时,关注任务行为和关系行为两个维度,并根据两个维度组合成指示、推销、参与和授权四种不同的领导风格,如图4-3所示。

(1) 指示:高任务—低关系领导风格。

(2) 推销:高任务—高关系领导风格。

(3) 参与:低任务—高关系领导风格。

(4) 授权:低任务—低关系领导风格。

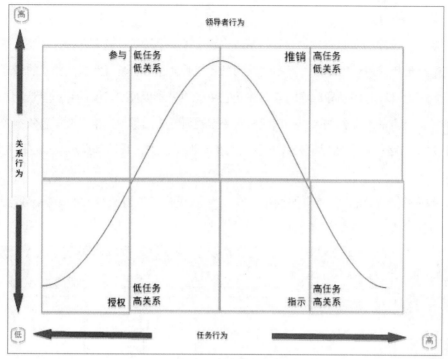

图4-3 领导情境理论

该理论还比较重视下属的接纳程度和能力水平的高低，这实际上隐含了一个假设，这种假设可以推广到绩效管理中对绩效管理者的风格进行研究：绩效考核者(领导者)的领导力大小实际上取决于下属(被考核者)的接纳程度和能力水平的高低。而根据被考核者的成熟度，也就是被考核者完成任务的能力和意愿程度，可以将被考核者分成四种类型。如果对一个被考评者的从业特点进行研究，则如图4-4所示。

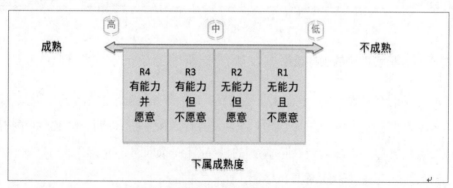

图4-4 领导力大小与下属成熟度关系图

(1) R1：被考核者(下属)既无能力又不愿意完成某项任务，这是低度成熟阶段；即在新员工刚刚入职，无能力预知预判未来的工作要求尚不能独立完整地完成工作要求时。

(2) R2：被考核者(下属)缺乏完成某项任务的能力，但是愿意从事这项任务；即在员工刚刚入职不久，有很高的工作热情但尚不能独立完整地完成工作要求时。

(3) R3：被考核者(下属)有能力但不愿意从事某项任务，即在职员工掌握了熟练的工作技能，但是工作热情有所欠缺时。

(4) R4：被考核者(下属)既有能力又愿意完成某项任务，这是高度成熟阶段。即在职员工既掌握了熟练的工作技能，又拥有很高的工作热情时。

领导情景理论的核心就是将四种基本的领导风格与下属的四种成熟度相匹配，在绩效监控过程中，绩效的考核者根据被考核者在不同的工作岗位上表现出来的不同绩效所做出具体的回应，并根据被考核者的工作缺失和绩效不足提供相应的帮助。在整个绩效监控的过程中，绩效的管理者会随着被考核者的工作技能的成熟和熟练程度的提高，减少对被考核者的工作任务的实时控制，而且可以适当减少与被考核者之间的关系行为。

如图4-4所示，具体来讲，在R1阶段，绩效管理者可以依据绩效标准的要求，将绩效考评的标准细则明确交给被考核者，要求被考核者严格按照标准中所规定的内容完成相应的任务；在R2阶段中，绩效管理者可以将绩效标准讲解给被考核者，让被考核者提出自己的建议和意见，充分调动起被考核者的工作热情；到了R3阶段，被考核者非常熟悉考核的内容了，在被考核者出现倦怠情绪时，绩效考核者需要适当地给予提醒，对被考评者提出意见，以便其高效完成工作任务及绩效考核标准；而当下属的成熟度达到R4阶段时，领导者无须再做太多的事情，只需授权，放心让被考核者完成绩效，管理者只需提供相应的人财物资源援助即可。参加实训的同学可以根据以上介绍结合企业实际工作判定绩效管理者的管理风格。

2. 基于路径—目标理论的领导风格

路径—目标理论认为，领导者的工作是利用结构、支持和报酬，建立有助于员工实现组织目标的工作路径。这里涉及到两个主要概念：建立目标方向；改善通向目标的路径，以确保目标实现。

1) 路径—目标理论的内容

路径—目标理论提出了两类特定的情境作为领导行为与工作结果之间关系的中间变量，它们是下属控制范围之外的环境(任务结构、正式权力系统以及工作群体)，以及下属个性特点中的一部分(控制点、经验和感知能力)。

在绩效监控的过程中，如果想要使被考核者的绩效产出最多，有效地完成绩效考核指标中所确定的量化指标，企业运营的环境因素也将成为影响考评者行为的关键因素。在工作环境稳定的过程中，绩效的考核者必须确认被考评者是否已经明确了工作任务指标；绩效考核中绩效考核的主体关系(考评者与被考评者的关系)越明确，绩效考核的监控过程越完善，绩效计划成功实施的概率就越大。

路径—目标理论在绩效监控中证明：当绩效的考核者弥补了被考核者或绩效工作环境方面的不足，就会对被考核员工的绩效和满意度起到积极的影响。但是，当绩效任务本身十分明确或被考核员工有能力和经验处理而无需绩效管理者干预时，如果绩效管理者还要花费时间解释绩效工作任务，则被考核者会把这种指导型行为视为累赘多余，甚至是对他们工作的不信任，所以应尽量避免此类事件的发生。

2) 路径—目标理论的绩效管理者的风格

绩效的管理者在帮助被考核者实现其绩效目标的过程中，需要充分考虑被考核者自身的工作特点和工作环境的限制因素，然后给绩效被考核者提供有针对性的绩效指导建议，这种有针对性的指导意见才利于被考核者接受。根据领导的目标情境理论将绩效管理者的管理风格分为四种领导风格，如图4-5所示。

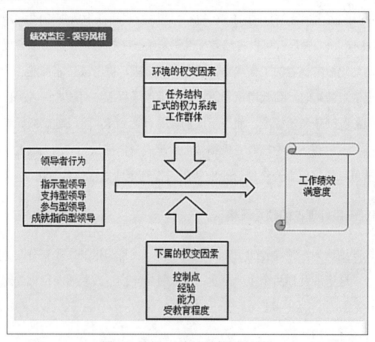

图4-5　路径—目标理论的领导风格

(1) 指导型领导(指导型的绩效管理者)：绩效管理者对被考核者需要完成的绩效考核任务指标进行说明，包括指标定义、指标的具体标准、完成指标的具体时间限制等。指导型的管理者能为被考核者制定明确的绩效考核数量标准，并将考评制度向被考核者讲清楚。指导不厌其详，规定不厌其细。

(2) 支持型领导(支持型的绩效管理者)：绩效管理者对被考核者的态度是友善的、可接近的，他们关注被考核者对于福利和需要的关注，他们可以尊重被考核者的地位，平等地对待被考核者，能够对被考核者表现出充分的关心和理解，在被考核者有需要时能够真诚地帮助他们解决工作与生活中遇到的困难和问题。

(3) 参与型领导(参与型的绩效管理者)：绩效管理者邀请被考核人一起参与决策，参与绩效指标的制定与探讨，征求被考核者的想法和意见，将被考核者的建议融入到绩效团体或企业将要执行的决策中。

(4) 成就导向型领导(成就导向型绩效管理者)：绩效考核者鼓励被考核者将绩效标准做到尽量高的水平。这种管理者为被考核者制定的绩效标准很高，寻求工作的不断改进。除了对被考核者期望很高以外，成就导向型绩效管理者还非常信任被考核者有能力制定并完成具有挑战性的目标。

在企业实际工作中，应该依据工作环境的变化、被考核者的个体特性，以及管理者进行管理活动所产生的结果等因素，选择不同的领导方式，以使绩效监控工作顺利、有效地开展。

路径—目标理论的研究发现，绩效考核者在根据企业实际情况选择绩效指导风格的时候，需要考虑被考核者工作技能、工作态度等全部因素和绩效实施的工作环境的全面因素的管理情境，决定在指示型领导、支持型领导、参与型领导以及成就导向型领导等指导风格中做出具体的选择，从而确保通过有效的绩效指导来弥补下属的不足，更好地实现绩效目标。

综上所述，在实训系统“绩效监控”操作页面中，单击“领导风格”查看简介、领导情境理论及模型、路径—目标理论及模型，根据以上对领导风格的理解，单击“进入实训”阅读案例，具体案例内容如图 4-6 所示。

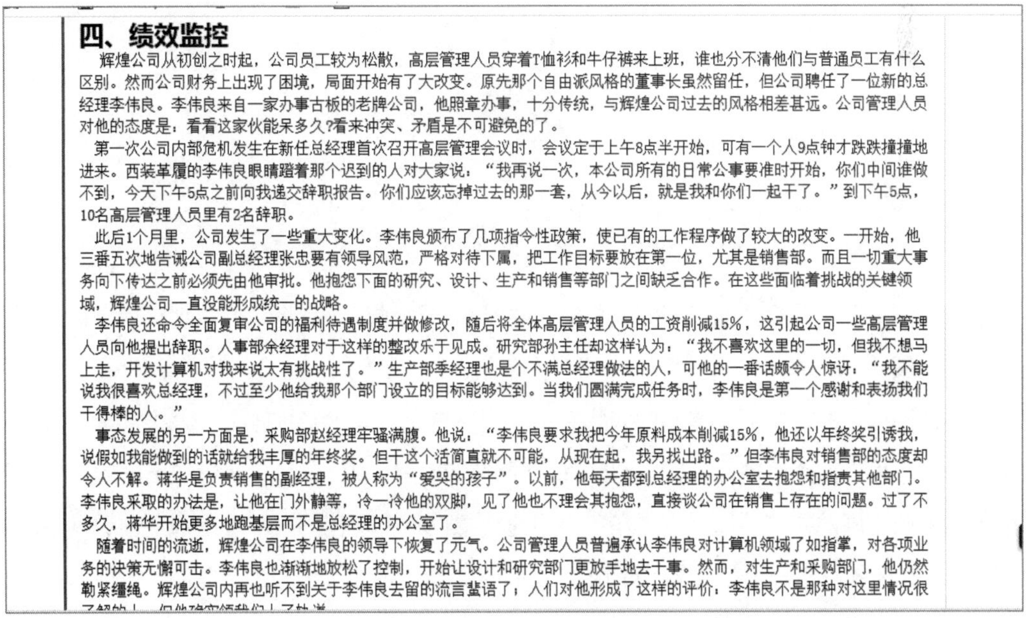

四、绩效监控

辉煌公司从初创之时起，公司员工较为松散，高层管理人员穿着T恤衫和牛仔裤来上班，谁也分不清他们与普通员工有什么区别。然而公司财务上出现了困境，局面开始有了大改变。原先那个自由派风格的董事长虽然留任，但公司聘任了一位新的总经理李伟良。李伟良来自一家办事古板的老牌公司，他照章办事，十分传统，与辉煌公司过去的风格相差甚远。公司管理人员对他的态度是：看看这家伙能呆多久?看来冲突、矛盾是不可避免的了。

第一次公司内部危机发生在新任总经理首次召开高层管理会议时，会议定于上午8点半开始，可有一个人9点钟才跌跌撞撞地进来。西装革履的李伟良眼睛瞪着那个迟到的人对大家说：“我再说一次，本公司所有的日常公事要准时开始，你们中间谁做不到，今天下午5点之前向我递交辞职报告。你们应该忘掉过去的那一套，从今以后，就是我和你们一起干了。”到下午5点，10名高层管理人员里有2名辞职。

此后1个月里，公司发生了一些重大变化。李伟良颁布了几项指令性政策，使已有的工作程序做了较大的改变。一开始，他三番五次地告诫公司副总经理张忠要有领导风范，严格对待下属，把工作目标要放在第一位，尤其是销售部。而且一切重大事务向下传达之前必须先由他审批。他抱怨下面的研究、设计、生产和销售等部门之间缺乏合作。在这些面临着挑战的关键领域，辉煌公司一直没能形成统一的战略。

李伟良还命令全面复审公司的福利待遇制度并做修改，随后将全体高层管理人员的工资削减15%，这引起公司一些高层管理人员向他提出辞职。人事部余经理对于这样的整改乐于见成。研究部孙主任却这样认为：“我不喜欢这里的一切，但我不想马上走，开发计算机对我来说太有挑战性了。”生产部季经理也是个不满总经理做法的人，可他的一番话颇令人惊讶：“我不能说我很喜欢总经理，不过至少他给我那个部门设立的目标能够达到。当我们圆满完成任务时，李伟良是第一个感谢和表扬我们干得棒的人。”

事态发展的另一方面是，采购部赵经理牢骚满腹。他说：“李伟良要求我把今年原料成本削减15%，他还以年终奖引诱我，说假如我能做到的话就给我丰厚的年终奖。但干这个活简直就不可能，从现在起，我另找出路。”但李伟良对销售部的态度却令人不解。蒋华是负责销售的副经理，被人称为“爱哭的孩子”。以前，他每天都到总经理的办公室去抱怨和指责其他部门。李伟良采取的办法是，让他在门外静等，冷一冷他的双脚，见了他也不理会其抱怨，直接谈公司在销售上存在的问题。过了不多久，蒋华开始更多地跑基层而不是总经理的办公室了。

随着时间的流逝，辉煌公司在李伟良的领导下恢复了元气。公司管理人员普遍承认李伟良对计算机领域了如指掌，对各项业务的决策无懈可击。李伟良也渐渐地放松了控制，开始让设计和研究部门更放手地去干事。然而，对生产和采购部门，他仍然勒紧缰绳。辉煌公司内再也听不到关于李伟良去留的流言蜚语了；人们对他形成了这样的评价：李伟良不是那种对这里情况很

图4-6　绩效监控系统案例

阅读完毕案例，根据自己的分析确定领导风格，单击"进入实训"，如图 4-7 所示。

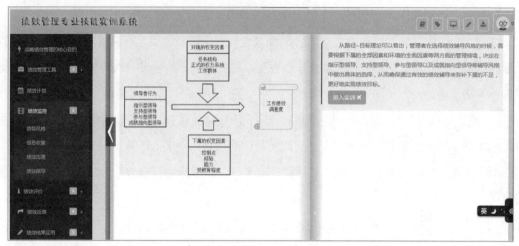

图4-7　领导风格界面

根据案例填写姓名、部门及领导方式，可以增加相关内容，填写完成后，单击"立即提交"，如图 4-8 所示。

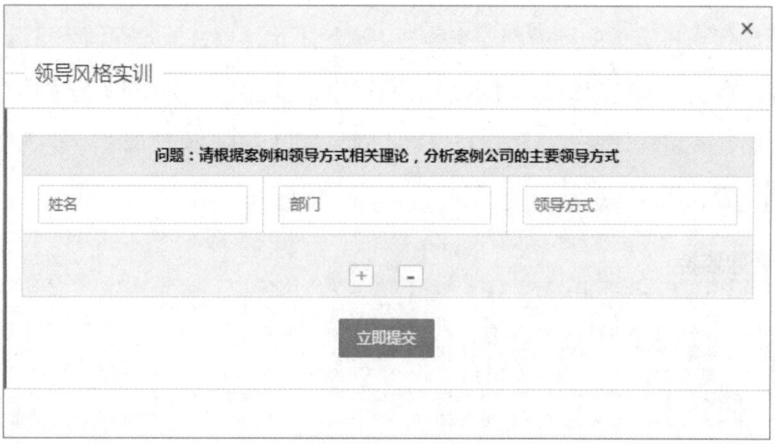

图4-8　准备填写领导风格

根据实例填写李伟良的信息，如果判定李总是指导型领导，就将我们的判定信息填入页面中，具体如图 4-9 所示。

在实训中应注意，案例中提到的人物有总经理李伟良、副总经理张忠、人事部余经理、研究部孙主任、生产部李经理、采购部赵经理、销售部蒋华经理。总经理在对待不同的工作及不同的下属采用不同的态度，每个下属在工作中的状态也不完全相同，所以在判定领导风格时要慎重选择。具体的解析分析如图 4-10 所示。我们的判定和实训解析出现了差距，实训解析中综合评价李总是成就指导型领导。

图4-9 填写领导风格

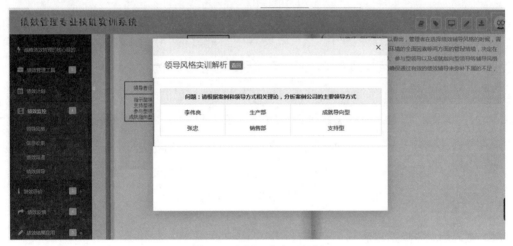

图4-10 领导风格实训解析

4.2.2 收集信息

1. 信息收集的内容

所谓收集绩效监控信息,就是采用观察和记录的方式对企业和被考核者的工作绩效表现进行记录,并对这些信息进行整理和加工。绩效信息收集的目的是帮助绩效考核者了解企业绩效运营的发展进程,从中发现绩效存在的问题;为绩效诊断提供线索;为绩效考评提供客观的事实依据。

在实战系统中,单击"信息收集"左右滑页查看信息收集的简介和方法,如图4-11所示,具体信息收集的简介和方法见图中的文字论述。

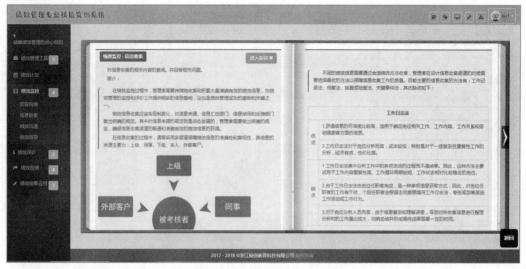

图4-11　收集绩效监控信息

在企业绩效管理的工作过程中，信息收集不可能完整到能将所有被考核者的所有绩效表现都记录下来，在这种情况下，绩效双方应该确保所收集的信息与被考核者的 KPI 指标密切联系。根据绩效的测评标准信息来源不同，信息可以分为来自业绩记录信息(如，工作目标或工作任务完成情况的信息)；绩效测评者观察到的信息(如，工作绩效突出或低下的关键事件或突出行为表现)；来自其他考核主体的评价信息(如，客户反馈的积极(消极)信息等)。在信息收集的过程中，通常采用多渠道保障绩效信息的准确性和客观性，其信息的来源主要可以从任职者的上级、同事、下级、本人及与任职者业务有关联的外部客户等。

2. 绩效信息收集的方法

不同的绩效信息需要通过合适的方法收集，管理者在设计信息收集渠道的时候需要选择最优的方法，以保障信息收集工作的质量。目前我们在实际工作中普遍会采用以下几种典型的信息收集方法：工作日志法、观察法、抽查或检查法、关键事件法。

1) 工作日志法

工作日志法又称工作记录法。对需要详细工作记录的工作进行监控的时候，就需要使用工作记录法收集相应的绩效信息。工作日志法要求使用规范的信息收集表格，在条件允许的情况下，也可以使用电子表格或绩效信息系统进行收集，以便于对信息的存储、统计、汇总和分析。

(1) 工作日志法的优点

一是所接收信息的范围较广、可信度较高，适用于确定岗位相关工作、工作内容、工作关系和工作强度等信息；二是进行岗位分析时，工作日志法成本较低，特别是对于一些复杂且重复性工作的分析，其经济有效，性价比高。

(2) 工作日志法的缺点

工作日志法集中分析的并非结果，而是工作中的各项活动过程。主要适用岗位具有工作内容重复性高、工作循环周期短、工作状态相对稳定等特点；工作日志法是一种单项信息获取方式，由岗位任职者自行填写。因此，个别任职者会根据主观意愿进行填写，夸张或忽略某些具有干扰性的工作活动或工作行为；对于岗位分析人员而言，整理分析所收集信息的工作量相对较大，从精简信息、正确理解，再到归纳总结并形成最终成果需要一定的时间。

2) 观察法

观察法是绩效的考核者直接观察被考核者的实际工作表现，在各种定性的分析方法中，观察法是相对比较可靠的方法之一。观察法是绩效信息收集的一种特定方式，它是由绩效考核者通过亲眼所见、亲耳所闻而得到的信息，而不是从别人那里听到或借鉴的第二手信息。绩效管理者通常采用走动式管理，对工作现场进行不定时的考察，从而获取第一手信息。

(1) 观察法的优点

观察法的优点是它能通过绩效管理学和观察直接获得有效的信息资料，不需经过其他的中间环节，相对于其他信息而言，这种资料具有真实性；绩效管理者在被考核者常态的工作状态下进行的观察，能获得最真实的数据资料；现场的观察具有准确性和及时性，它能捕捉到被考核者正在发生的工作现象；能搜集到一些无法言表的材料。

(2) 观察法的缺点

观察法的缺点是既受时间的限制，也受观察者本身的限制。一方面，某些事情的发生具有时间限制；另一方面，人的感官受到生理的限制，超过这个限度难以直接观察，且观察结果也会受到主观意识的影响。观察者并不能直接观察到事物的本质和人们的思想意识，只能看到事物的表象和某些物质结构。观察的方法不适合全面考察。

3) 抽查法

抽查法是一种信息收集法，用于核对相关绩效信息的真实性，通常与工作记录法配合使用。为保证原始数据的真实性，管理者或专门的部门需要对绩效信息进行抽查或检查。

(1) 抽查法的优点

抽查法的优点是投入的人力、时间、成本低；工厂和客户能够了解产品具有代表性的问题，针对性地进行整改；减少贸易摩擦，促进贸易发展，提升社会形象。

(2) 抽查法的缺点

抽查法的缺点是存在抽检风险，可能未发现一些问题；抽样的代表性由抽样量来确定。

4) 关键事件法

关键事件法是用于搜集工作分析信息的方法之一。针对某一工作中重要的、能导致该工作成功与否的任务和职责要素,将能反映不同绩效水平的、可观察到的行为表现进行描述,作为等级评价的标准进行评定的技术。

(1) 关键事件法的优点

关键事件法研究的焦点集中在职务行为上,向被考核者解释绩效结果时提供一些确切的事实证明;确保在对被考核者的工作绩效进行考察时,所依据的是被考核者群体在整个年度的表现,而不是他们在最近一段时间内的表现;同时保存一种动态的关键事件记录,还可以获得一份关于被考核员工是通过哪种途径消除不良的工作绩效的具体事例。

(2) 关键事件法的缺点

一是耗时过多,需要花大量的时间去搜集那些关键事件,并加以概括和分类。

二是关键事件的定义是对在绩效实施过程中那些显著的对工作绩效有效或无效的事件,但是这样,就有可能会遗漏了被考核员工的平均的绩效水平。而对工作本身而言,最重要的可能就是要描述"平均"的职务工作的绩效。采取关键事件法,对中等绩效的被考核者来说就难以涉及,因而全面的绩效监控工作就不能按要求完成。

三是这种方法不能单独作为绩效考核的工具而存在和使用,这种方法必须跟其他方法搭配使用,效果才会更好。

3. 收集绩效信息的目的

需要从工作的结果和过程两个方面,去收集与绩效目标实现情况相关的信息;系统准确的绩效信息是进行绩效考评的依据,具体来说收集绩效信息有以下目的:

1) 提供绩效考核评价的基础依据

绩效工作过程中的信息收集或数据的记录,可以作为评价被考核者的绩效的依据,也可以作为被考核者获得加薪、晋升等工作机会的基本依据。

2) 发现员工绩效问题并提出改进的绩效目标

我们进行绩效评价的目的是改进和提高员工的绩效,解决员工问题,根据问题制定、改进准确的绩效目标。

3) 寻找员工绩效优异或绩效不足的深层原因

通过收集被考核者的绩效相关关键事件和信息,绩效的管理者有效地发现被考核者优秀绩效及低下的原因。由于发现的问题具有针对性,所以可以对症下药,改进绩效。

4) 作为劳动争议中的重要证据

完整真实地保留被考核者的绩效表现记录,为在发生劳动争议时企业有足够的事实依据。这些完整的绩效记录,一方面保护被考核员工的切身利益,另一方面可以维护企业的利益。

在实战系统中,单击"信息收集"左右滑页查看信息收集的简介和方法,如图4-12所示。

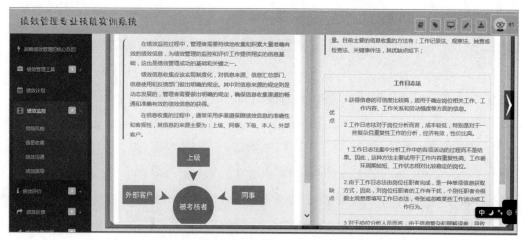

图4-12　绩效监控信息收集方法详细介绍

单击右侧箭头进入到下个信息——收集方法(抽样法、观察法、关键事件法)的介绍,如图4-13所示。

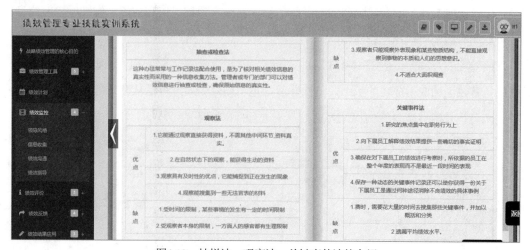

图4-13　抽样法、观察法、关键事件法的介绍

选择信息收集的方法,选择完成后,单击"立即提交",完成信息收集的填写,可以单击"查看",查看相关解析,如图4-14所示。

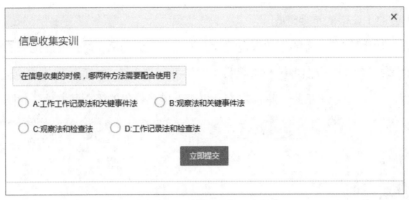

图4-14 绩效监控信息收集

4.2.3 绩效沟通

绩效沟通是绩效管理的灵魂和核心，是整个绩效管理过程中最关键、耗时最长、最能使绩效考核产生效果的环节，绩效沟通主要体现在四个方面：依据绩效目标制定沟通的目标、绩效实施过程的沟通、绩效结果反馈的沟通、关于被考核者有效绩效改进的沟通。

绩效沟通是绩效的考核者和被考核者双方为了有效实现组织绩效目标而开展的具有平等的、建设性、双向交流和持续的信息分享的过程。其中，绩效沟通中的信息包括被考核者在考核过程中存在的工作中的潜在障碍和问题的信息、与绩效考核工作有关的工作进展情况信息、各种可能的有效的解决措施信息等。

在绩效沟通过程模型(见图 4-15)中可以发现，绩效沟通信息的编码、沟通媒介的选择和信息解码是有效沟通取得成功的三个关键性环节。整个绩效沟通过程是从绩效信息的发出开始，到得到来自绩效考核接受者的反馈为止，不断进行双向循环的过程。

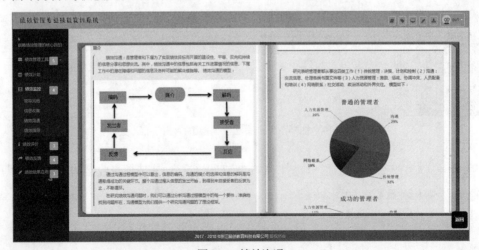

图4-15 绩效沟通

单击实战训练的"绩效沟通"查看相关内容,单击"进入实训",填写相关内容,填写完成后单击"立即提交",完成绩效沟通实训的内容填写,即可查看问题解析。

1. 绩效沟通的技巧

有效的沟通对于企业成功开展绩效管理工作起到了重要的作用。无论是绩效管理者还是被考核者都需要掌握一定的沟通技巧和技能,掌握有效的绩效沟通技巧是绩效管理能否顺利进行和取得成效的关键。为了确保有效地进行绩效沟通,绩效考核者和绩效被考核者必须掌握有效的沟通技巧。

1) 确定绩效沟通的目标

为了确保被考核者在业绩形成过程中实现有效的自我控制,在确定绩效目标时,必须与员工就考核的内容和标准进行沟通,进行有效的沟通必须要依据绩效测评的过程确定绩效沟通的目标。绩效沟通的目标可以从绩效目标的设定、绩效实施过程中的有效监控、绩效考核周期是否合理、绩效考核方法的选择是否准确、绩效考核的主体确定是否有效、绩效结果认定和结果的应用是否合理有效等方面进行目标的确定。通过这一阶段的有效沟通,可以预防绩效的考核者硬派任务、员工被动接受任务的情况,被考核者对自己确定的目标的认可度就会大大提升。

2) 掌握绩效沟通的关键点

绩效沟通会采取正式或非正式两种方式,关注重点是在考核过程中就如何选取绩效执行的关键点、解决员工遇到的问题及纠正员工行为偏差等方面。

(1) 绩效执行的关键控制点沟通是以说明先前的绩效实施措施为主,主管需要对下属的目标完成实施手段有一定的了解。在关键环节控制点上,主管需要适时地进行监督沟通,以便了解员工工作进展及完成结果。

(2) 员工在工作过程中的问题沟通主要是考虑到员工在执行任务时有困难,出现的新问题导致工作停滞不前。当员工出现此类问题时主管应该及时出现并提供他们所需的支持,帮助他们解决问题,让员工内心能真切感受到主管与他们同甘共苦,为他们排忧解难的强烈意愿,使之能更积极地投入工作。

(3) 员工行为偏差纠正沟通是主管在员工执行任务过程中所采取措施的监控,防止员工为达目的不择手段,损害公司长远利益;当然,也要做到对员工的良好行为和进步的表扬及时。

3) 确保双向沟通

绩效考核者和被考核者在就绩效结果进行充分沟通和修改后,需要对引起绩效不足的原因进行深入具体细致的分析,特别是对于那些在绩效测评过程中没有达成的业绩目标,仔细分析绩效无法达成的根本原因。在此过程中一方面可能是被考核者自身的原因,要判定是被考核者的工作经验不够、知识技能水平不足还是在绩效实施的过程中工作态度有欠缺。如果员工知识能力不足，可以采用安排相应的技能培训指导提升专业技能；如果是被考核者工作经验不够，则给被考核者安排一些锻炼机会；如果是被考核者工作态度有欠缺，可以从企业激励措施的力度、内部管理的有效性，还有被考核者自身态度问题来具体分析，通过具体分析找出真正的原因，并采取相应的解决措施。另一方面绩效管理者也要充分考虑是否在绩效实施的过程中由于客观条件和环境因素导致了绩效出现偏差，如果出现这种情况，管理者应调动资源协助被考核者解决这些问题。绩效管理是一个往复循环的过程，一个考核周期的结束，也是下一阶段的开始。因此，对未来绩效目标的确定，就成了本次绩效沟通的重要组成部分。双方对下一阶段目标要达成一致，对实现目标所采取的措施和相应的支持条件也要形成共同意见。

2. 绩效沟通的方式

绩效沟通可以采取非正式沟通，也可以采取正式沟通。通常所用的正式沟通方式有正式面谈、书面报告和绩效反馈会议等形式。非正式沟通的主要方式有走动式管理、共同进餐、聚会、开放式办公、共同运动、电话沟通等。

1）正式沟通

(1) 书面报告

书面报告是指被考核者使用图表、文字等表述形式向绩效管理者报告绩效工作进展、所需支持、绩效计划的变更、绩效实施中遇到的问题、存在的问题分析等。当被考核者和绩效管理者不在同一个地点办公时，也可通过 E-mail 进行传送。书面报告的原则是简单明了、让被考核者充分参与。

① 书面报告的优点：提高了绩效考核者收集有效绩效信息的效率；绩效沟通突破了时间、空间上的限制；绩效信息严谨、准确、易于保存；使员工养成对工作及时总结和进行系统思考的习惯；培养员工的书面表达能力。

② 书面报告的缺点：绩效信息是从员工到管理者的单方面信息流动；撰写书面报告需要大量的文字工作，这种工作极易引发被考核者的厌烦；书面报告得不到重视时，则流于形式；特别是对以团队绩效为考核重点的团队绩效考核，绩效信息很难在企业团队中进行信息共享。

(2) 面谈沟通

绩效面谈是指绩效考核者与被考核者之间进行的面对面的交谈。面谈沟通的基本原则是：面谈的重点放在工作任务和绩效标准上，开放、坦诚地进行，鼓励被考核者多反馈自己的建议，及时纠正、预防被考核者的无效行为和想法；在面谈的过程中，记录将来需要的有关信息，绩效面谈结束时做好面谈小结，并商定下次面谈交流的时间。

① 面谈沟通的优点：近距离的正式沟通，可以讨论不便公开的观点。

② 面谈沟通的缺点：易带有个人色彩；相比会议沟通效率较低。

(3) 会议沟通

在绩效沟通中，可以采用绩效会议的方式，这是一种成本较高的正式沟通方式，常用于解决重大的、较复杂的绩效问题，沟通的时间一般比较长。通常在绩效管理过程中在这几种情境下管理者宜采用会议沟通的方式：

① 需要统一绩效管理思想或行动时(如绩效管理思路的讨论、绩效计划的讨论等)；

② 需要被考核者清楚、认可和接受绩效标准时(如绩效考核制度发布前的讨论、考勤制度发布前的讨论等)；

③ 讨论复杂的绩效问题的解决方案时(如针对复杂的绩效管理问题，讨论已收集到的绩效解决方案等)；

④ 传达重要的绩效信息时(如绩效项目中期总结活动等)。

会议沟通的优点：满足绩效管理交流的需要；绩效信息传递环节少、时间短。会议沟通的缺点：会议准备费时费力；参会者时间难以统一；有些问题不便公开讨论；无法对个人问题进行深入探讨；易演变为官僚主义、形式主义。

2) 非正式沟通

绩效管理者与被考核者之间的绩效沟通并不仅仅局限于采取正式会面或书面报告的形式。绩效管理者与被考核者在工作过程中或工作之余的各种非正式会面为他们提供了非常好的沟通机会。非正式沟通的主要方式为聚会、走动式管理、共同进餐、娱乐、开放式办公、共同运动等。

非正式沟通具有以下优点，如：气氛轻松；容易拉近主管和员工的距离；员工比较放松，敢于表达；有利于及时发现问题；不太受时间、空间限制，不必刻意准备。同时，非正式沟通也有一些缺点，如：缺乏正式沟通的严肃性。

在实训过程中我们可以尝试采用以上的沟通方式进行不同阶段的绩效沟通，比如在进行绩效计划和绩效目标宣讲时，采用会议沟通的方式；在绩效反馈时，采用书面沟通；在绩效实施过程中，采用一些非正式沟通的方式。这些沟通方法相辅相成，根据实际情况混合使用。

3. 绩效沟通的必要性

企业绩效管理就是绩效管理者与被考核者就绩效目标的设定及其实现而进行的、持续不断的双向沟通的过程，在这一管理过程中，绩效管理者与被考核者从有效的绩效目标的设定开始，绩效考评的实施、绩效的监控、绩效的反馈面谈，都保持着持续不断的有效沟通过程。

在此过程中任何一方面的单独决定都会影响绩效管理的顺利开展，阻碍绩效管理体系效用的正常发挥。

1) 设定组织成员共同认可的绩效目标

在绩效管理工作中，要界定被考核者在企业中所处的角色，角色的定位决定了被考核者将担当的职位功能是什么，任职能力要求有哪些，需要承担的工作职责是什么。通过有效的绩效互动沟通，才能清晰地了解期望被考核者在什么样的情况和环境下履行哪些职责，在绩效中贡献了什么，被考核者对实现绩效目标有了行动的动力和努力的方向，绩效管理者对被考核员工也就有了双方都认可的绩效考核量化标准。

2) 履行目标职责过程中不断勘误

绩效管理者与被考核者就被考核者工作目标和工作任务方面的完成情况，以及绩效工作中存在的问题进行双向沟通，这是被考核者的业绩反馈和绩效管理者的业绩指导阶段，被考核者要反馈预定的绩效目标完成情况，从绩效管理者处得到对应的帮助和支持，而绩效管理者需要了解被考核者的工作进展情况，了解被考核者在绩效实施中遇到的障碍，帮助被考核者清除工作的障碍，为被考核者在需要的时候提供所需要的培训，及时反馈被考核者的绩效表现，包括正面的和负面的。

3) 全面推广绩效考核理念，确保绩效考核结果令人信服

通过绩效沟通，使绩效管理者与被考核者双方都认识到对绩效目标的考核有利于提升企业长远发展、提升整体业绩和被考核者职业生涯有规划地发展，并清除对绩效管理的模糊、错误认识。绩效管理不是绩效管理者对被考核者滥用职权的"杀手锏"，更不应是无原则地走形式、走过场。通过有效的绩效沟通，使全员都认识到绩效考核，不是为了制造员工之间的差距，而是想通过科学的考核实事求是地挖掘被考核者工作的长处，发现其不足，以扬长避短，使其业绩稳步提升。

综上所述，在绩效沟通的过程中管理者应侧重对于绩效考核的结果是否能够得到员工的认可，并在沟通的过程中肯定被考核者的绩效成绩，发现不足，并针对不足提出合理化的解决意见。通过绩效沟通，管理者和员工可以在实训的环节尝试回答以下问题：

(1) 绩效工作进展情况如何？

(2) 绩效目标和计划是否需要修正？如果需要，我们将采用什么方法以及如何进行修正？

(3) 在绩效考核工作中有哪些方面进展顺利？

(4) 在绩效考核工作中出现了哪些问题？

(5) 被考核者在此次考核中可能遇到了哪些困难，绩效管理者应如何帮助他们克服困难？

对绩效管理者而言,他们需要得到有关被考核员工工作情况的各种信息,以帮助他们更好地协调工作。对被考核者而言,通过与绩效管理者之间的绩效沟通,能够帮助员工更好地完成他们的工作,应对绩效考核工作中遇到的各种变化和问题。

结合以上对于绩效沟通内容分析,根据所给案例,填写绩效沟通实训内容,即管理者与员工的绩效沟通所要沟通的内容,如图 4-16 所示。

图4-16　绩效沟通实训

4.2.4　绩效指导

每个管理者都具备不同倾向性的指导风格,管理者在绩效指导实际操作时,需要将自己的指导风格与环境及下属的情况自然匹配,具体情况具体分析,这样才能对下属的指导更加有效。

1. 绩效指导的时机

企业在运营的过程中,一般会将这几个特殊时期作为绩效指导的最佳时期,分别是:
(1) 正在学习新技能时;
(2) 被考核者正在从事一项管理者认为如果采取其他方法能够更加有效地完成任务时;
(3) 被安排参与一项大的或非同寻常的项目时;
(4) 面临崭新的职业发展机会时;
(5) 未能按照标准完成任务时;
(6) 弄不清工作的重要性时;
(7) 刚结束培训学习时。
在实训过程中,需要根据这几个关键点判定最佳的绩效指导时机。

2. 绩效指导的方式

根据领导者的风格不同,绩效指导方式分为教学型和学习型两种,如图4-17所示。

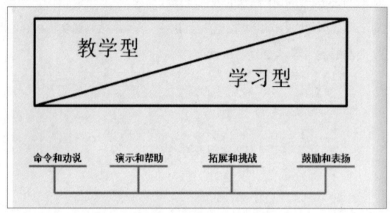

图4-17 绩效指导方式

绩效指导的方式会受到绩效管理者的指导风格的影响,而管理者的指导风格是一个从教学型指导者到学习型指导者的连续性过程。

其中一端是"教学型"指导者。这种类型的指导者通常是直接指导下属在何时去做何事,这类绩效管理者的通常特点是:在某一方面他们拥有很强的专业技能,通过这种点对点的方式向被考核者传授使其能够完成一项具体的工作的经验。这种指导对于那些需要反复操作的任务的工作岗位在绩效管理中很合适。比如在实训案例中,这种指导对刚入职的一线基层被考核者特别有帮助,这些员工在提供产品或服务时需要取得连续性的、可预见的结果。

另一端则是"学习型"指导者。绩效的管理者相信每位被考核者都有一定的职业潜力,管理者会提供具有挑战性的机会让被考核者施展才能,同时也会给被考核者寻找学习的机会,加强其自身的锻炼。这种绩效管理者喜欢倾听和提问,而不是实际的技术经验指导。这种指导在一个问题存在多种解决方案的时候非常有效。尤其对那些需承担新责任、非常规项目、具有创新性工作要求的被考核者来说,这种指导的有效性体现得更为明显。

3. 绩效指导的流程

在实训操作系统中,单击"绩效指导",查看相关内容,单击"进入实训"(见图4-18),即可进入实训指导页面。根据案例填写相关内容,填写完成后单击"立即提交",完成绩效指导内容的填写,查看问题解析。

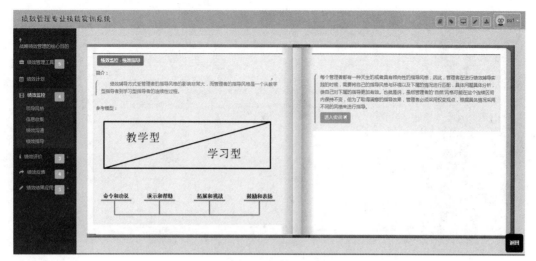

图4-18 绩效指导

从给定案例中选取一个部门,分析该企业的管理者是如何对该部门进行绩效指导的,填入系统,最后提交,如图4-19所示。

图4-19 绩效指导界面

结合所给案例,根据案例和绩效指导的相关知识,从给定案例中选取一个部门,分析该企业的管理者是如何对该部门进行绩效指导的。填入系统,最后提交,如图4-20所示。

完成绩效指导内容的填写,单击"提交",查看解析,如图4-21所示。

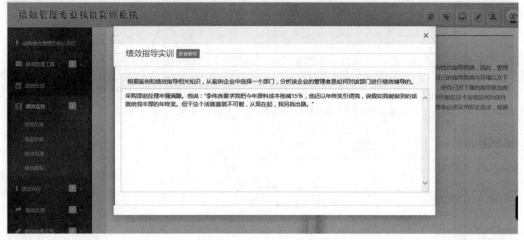

图4-20 绩效指导实训信息

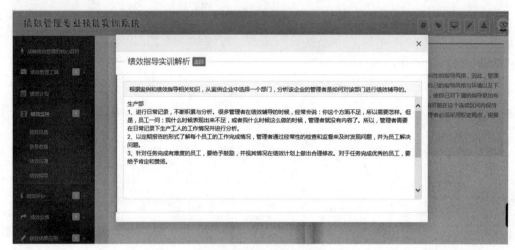

图4-21 绩效指导实训解析

每个管理者都有一种天生的或者具有倾向性的指导风格，因此，管理者在进行绩效指导实践的时候，需要将自己的指导风格与环境以及下属的情况进行匹配，具体问题具体分析，使自己对下属的指导更加有效。也就是说，虽然管理者的"自然"风格可能在这个连续区间内保持不变，但为了取得满意的指导效果，绩效管理者可以采用权变的观点，根据企业运营的具体情况采用相对应的指导风格来进行指导。比如，在实训中对于生产一线的操作人员，管理者可以采用"教学型"的指导风格；对于技术研发部的设计工程师，可以尝试采用"学习型"的指导风格。

第 5 章 绩效评价

绩效管理系统通常由绩效计划、绩效监控、绩效评价、绩效反馈、绩效评价结果运用等要素组成,绩效评价是绩效管理流程中的第三个环节。本章首先对绩效评价的相关知识要点进行介绍,然后结合实训软件,讲解如何使用软件系统开展绩效评价。

5.1 知识要点

绩效评价是绩效管理的核心环节,其技术性比较强,评价方法非常多。本节高度概括绩效评价所涉及的知识要点,主要包括绩效评价的内涵、绩效评价的内容、绩效评价的过程、绩效评价的方法等。

5.1.1 绩效评价的内涵与作用

绩效评价涉及评价方法、评价内容、评价指标及评价标准、评价等级等内容。组织为了对员工或者部门的绩效目标实现程度做出评估,就需要运用绩效评价方法来达到该目的,为组织目标和管理提供依据。

1. 绩效评价的内涵

绩效评价是一个正式的、经过精心组织策划的组织流程，管理者采用特定的评价方法，在确定的时间周期内，由评价者依据所获取员工的工作绩效信息，按照绩效计划确定的员工工作目标及评价标准，对员工绩效做出分析判断，并且给出绩效等级的过程。通过绩效评价，组织管理者可以区分优秀、平庸或表现不佳的员工。

绩效评价是正式评估员工绩效的过程，管理者需要将员工实际的绩效与组织的既定标准进行比较。在得出员工绩效表现结果之后，管理者需要为员工提供反馈，以提高他们的绩效。这样绩效评价成为了一种开发员工的技术，可以帮助员工实现个人成长和个人成功的目标，提高员工的积极性与工作技能，同时提高组织的运作效率，帮助组织发挥其潜在的能力。绩效评价还有助于管理层做出人事管理决策，例如如何通过培训改进员工绩效，以及如何进行员工晋升、奖励等决策。企业可以通过建立个人绩效改善与整体发展目标的关系，来评估整个组织的目标实现程度，即公司级绩效。该定义强调对于员工的正式评价，因为实际上，管理者通常需要持续地评估员工个人的绩效。

从系统论角度来看，绩效评价可以被视为一个评价系统，需要解决评价什么，谁来评价，评价谁，什么时候评价，采用什么方法评价，以及怎样运用评价结果等内容。而这些内容可以被置于组织更为宏观的绩效管理系统之下。绩效评价系统的综合决策是管理者在设计绩效管理系统时需要重点考虑的内容。

2. 绩效评价的作用

绩效评价会对组织产生各种影响作用，这些作用包括以下方面。

(1) 绩效评价可以通过评价指标强化组织的价值观和氛围。不是所有员工都非常理解组织的价值观和氛围，员工也很难深入理解组织的使命和愿景。管理者希望员工能够按照所任职职位的要求开展工作，履行职责。员工要正确履行职责就必须得到管理者的指导，如果没有正确的方向和行为规范，他们就很难实现工作目标。绩效评价的指标可以引导员工理解组织倡导什么，哪些指标重要，哪些指标不重要。组织管理者可以将公司所倡导的价值观和行为以绩效指标的形式传递给员工，这样就可以规范员工的行为，在组织内部形成集体公认的价值观体系，并且上升为组织文化，发挥组织文化的凝聚力。

(2) 绩效评价有利于衡量组织战略和目标的实现程度。一些企业花费非常多的人财物资源进行战略规划和制定，但是这些企业的战略难以落地，最后导致企业经营失败。这些企业失败的原因有很多，例如外部环境变化、技术革新等，但是企业战略没有得到有效执行往往是这些企业陷入经营困难的根本原因。组织战略和目标不能停留在纸面上，而必须落实到全体员工的日常工作之中。如何将组织抽象的战略目标转化为员工具体的行动呢？绩效评价为组织战略与员工行动提供了联结。组织可以通过将组织战略目标层层分解为员工的绩效目标，促进组织战略目标的落地和实现。

(3) 绩效评价可以发现员工工作中存在的问题，为改善员工绩效提供依据。组织通过正式的绩效评价过程，特别是管理者可以在绩效评价之后，认真分析员工绩效不佳的原因，对问题进行深入诊断，判断问题是来自于员工态度、技能、知识等方面，还是来自于组织的管理政策或者环境因素变化。针对这些问题，管理者可以有针对性地提出解决问题的方案，从而消除员工绩效障碍，促进员工绩效的提升。

(4) 绩效评价为员工获得公平的报酬提供科学的依据。员工为组织努力工作，他们希望自己的付出可以获得回报。如果员工发现其他人没有努力工作，但是获得了比自己更多的奖励，这时候，他们就会产生不满意，甚至消极怠工。在现代组织中，对员工的回报包括工资、奖金、津贴、培训、发展机会、职位晋升、宽松的办公室环境等，这些总体回报需要科学的依据。公平公正的绩效评价结果是员工取得整体报酬的重要依据。

(5) 绩效评价可以促进员工和管理者提升工作技能。在当今世界，知识和技术日新月异，特别是在互联网和共享经济时代，智能手机、人工智能等得到了广泛应用，工作场所的技能也需要根据环境的变化而不断更新升级。员工和管理者往往因为日常繁忙的工作节奏，而不愿意学习新的技能，他们安于现状，不愿意主动学习新知识、新技能，不愿意承担新的工作任务。但是组织在动态环境之下，必须针对环境变化做出灵活的调整，否则将被竞争对手打败，因此，创新成为组织生存的基本能力。组织创新需要由员工执行。组织可以将创新转化为对员工绩效的评价，促进员工勇于创新，开拓进取。因此组织可以通过绩效评价来给员工和管理者施加压力，促使他们提升技能。

(6) 绩效评价可以营造良好的沟通环境。绩效评价不是一蹴而就的，不是传输评价分数就一劳永逸了。完整的绩效评价是一个包含绩效评价沟通和反馈的闭环。在绩效计划阶段、绩效实施阶段，管理者与员工需要进行持续的绩效沟通与反馈。在绩效评价阶段，管理者同样需要就绩效信息、绩效评价方法、绩效评价等级等进行沟通与反馈。绩效评价的正常运作需要在组织中构建良好的绩效沟通平台与机制，而绩效评价的执行也有利于促进组织沟通渠道与机制的实现。

(7) 绩效评价有利于组织改善基础管理制度和条件。在市场经济下，管理是一切组织获取核心优势的重要手段。但是由于我国企事业单位的管理基础比较薄弱，许多组织没有建立基本的管理制度，制约了这些组织管理水平的进一步提升。例如，一些组织没有职位说明书，没有建立目标计划体系,这些基本的管理要素是企业进行管理工作,例如发放报酬,开展培训等的前提条件。组织需要这些基础管理条件。绩效评价实施的前提是组织具有基础的管理制度。通过推行绩效评价,可以促进组织反思组织基础管理条件是否已经建立,是否已经完善,是否需要改进等基础性管理问题,从而促进组织基础管理平台的建立与完善。

5.1.2 绩效评价的内容

绩效受到外部环境、组织结构、组织文化、组织战略、管理风格、奖励政策、工作团队、员工技能、员工工作能力、员工工作动机和员工个性等综合因素的影响。组织需要对员工和团队的绩效做出评价,以调整管理策略,实现组织目标。绩效评价的内容与绩效评价的目的密切相关。

1. 绩效评价的目的

绩效评价的目的是组织推行绩效评价所需要达到的管理目的。组织开展绩效评价的目的有很多。绩效评价所提供的信息有助于企业判断应当做出何种晋升或工资方面的决策,为员工的晋升、降职、调职和离职等人事管理决策提供依据。组织管理者通过对员工的绩效评价提供反馈,为管理者及其下属人员提供共同沟通员工工作现状与问题的机会。绩效评价对员工和团队对组织的贡献进行评估,使得管理者和员工了解自身的绩效水平。绩效评价的结果是员工获得薪酬的重要依据。绩效评价可以对招聘选择和工作分配的决策进行评估,并且为调整这些决策提供依据。绩效评价可以为员工和团队的培训需求提供基础数据。组织所开展的培训和员工职业生涯规划效果需要评估,而这些评估需要使用员工的绩效数据作为衡量标准。绩效评价结果为组织战略规划、预算评估和人力资源规划提供基础信息。总之,绩效评价可以为组织人事管理决策提供依据,实现管理目的,同时绩效评价可以促进员工发展绩效,实现开发的目的。

2. 绩效评价的本质

绩效评价的内容还与人们对绩效的本质理解相关。绩效本质上是员工的一组工作行为,这些行为与实现公司或组织的目标相关,是指随着时间的推移员工对组织的贡献价值。组织的目标是一系列行为绩效的综合结果。

例如，农夫山泉股份有限公司是中国饮料20强之一，公司的主要业务包括研发、推广饮用天然水、果蔬汁饮料、特殊用途饮料和茶饮料等各类软饮料。该公司通过建设优质水源地，进行规模化生产，通过遍布全国的营销网络，将各产品分销至全国各地。该公司不使用城市自来水生产瓶装饮用水，不在饮用水中添加人工矿物质。公司在水源地建厂、灌装，以确保产品的生产过程都在水源地完成，确保所有农夫山泉都是天然的弱碱性水。

这些活动符合该公司"天然、健康"的产品理念，需要由员工的工作行为实现。当然，这些宏观任务可以分解为许多子任务和细项。员工可能参与整个生产制造流程，或参与一个很小的工作项目。这样组织和管理者可以对员工的这些绩效进行评价。

3. 常见的评价内容

简单地看，员工绩效包括工作行为和工作结果。中国传统绩效考核内容为德、能、勤、绩、廉。但是，在管理实践中，不同类型的组织对不同的绩效内容进行评价，以实现组织的战略目标。常见的评估内容是特质、行为、胜任能力、目标实现程度和潜力改善情况等。

1) 特质

员工特质(例如态度、外貌、性格、主动性、价值观等)是工作产出的基础。这些特征可能与工作绩效有关。当已经证明这些特征与工作产出有关时，可以使用适应性、判断力和态度等特质来作为绩效评价的内容。

2) 行为

当个人的工作任务结果与产出难以确定时，组织可能会评估这些员工的任务相关行为或能力。例如，对管理者进行绩效评价时，可以考核其领导风格与领导能力。对于在团队中工作的个人，开发下属、团队合作和客户服务导向可能是适当的绩效指标。对员工期望的行为可作为绩效评价的指标和标准，因为如果得到认可和奖励，员工往往会重复这些行为。如果某些行为导致预期结果，则在绩效评价过程中评价这些行为，就是有好处的。

3) 胜任能力

胜任能力是知识、技能、特质和行为等的综合。这些能力与工作成功密切相关。一些管理者建议在所有工作中使用道德、诚信、价值观等胜任能力。一些胜任能力适用于特定工作。例如，分析思维和成就导向在专业技术工作中是必不可少的。在领导职位上，相关胜任能力可能包括培养人才、授权和人员管理技能。

美国人力资源管理学会(SHRM)认为人力资源管理者的成功取决于战略贡献、业务知识、个人信誉、人力资源交付和人力资源技术等五个领域的能力。战略贡献将公司与其市场联系起来，并迅速使员工行为与组织需求保持一致。业务知识是了解企业如何运营，并将其转化为行动的能力。个人信誉展示了可衡量的价值，并且努力成为团队的一员。人力资源交付能力要求在人员配置、绩效管理、开发和评估领域为客户提供高效的服务。人力资源技术是使用技术和基于 Web 的手段为客户提供价值。

4) 目标实现程度

目标实现程度就是员工的工作结果。如果组织认为目标比手段重要，目标实现程度就会成为适当的绩效评价要素。目标实现程度可以从成本、时间、质量、数量等方面进行衡量。确立的绩效评价要素应由个人或团队控制，并且应该是导致公司成功的结果。对于组织的高层管理人员，目标可能涉及公司的财务方面，如利润或现金流，以及市场因素，如市场份额或市场地位。在较低的组织层次，结果可能是满足客户的质量要求，并按照承诺的时间交付服务或产品。

为了协助绩效评价过程，管理者需要提供具体示例，说明员工的个人绩效目标如何推动其发展并实现特定目标。上下级应就员工下一个评估期的目标以及管理者需要提供的援助和资源达成一致。绩效评价的这一方面应该是整个绩效评价过程中最积极的因素。这一点可以帮助员工关注行为，从而给所有相关人员带来积极的结果。

5) 潜力改善情况

一些组织在评估其员工的绩效时，使用的评价内容都侧重于过去。从绩效管理的角度来看，人们不能改变过去。公司必须采取进一步的措施来正确对待绩效评价，否则绩效评价数据将被尘封在公司档案室。绩效评价本身是一个相对狭窄的过程，用于评估员工个人绩效完成情况。

如果要将绩效评价转变为绩效管理，则需要创建一个环境、一个工作环境、一种文化和系统，将所有基本要素汇集在一起，以便组织中的所有相关人员能够以一致和协调的方式努力工作。在这种管理哲学下，公司应该强调未来，关注他们如何提高工作绩效，并对整个组织绩效做出贡献，公司应该培养员工所需的胜任能力和技能，并在此过程中实现公司的目标。这就需要对员工的潜力改善情况进行评估。在评价过程中包括有助于确保更有效的员工职业规划和发展目标的实现。实际上，组织在对员工进行绩效评价时，以上评价内容并非相互排斥。事实上，许多优秀的绩效评价系统往往是这些方法的综合。

一些组织的管理者在对员工的工作绩效进行考核时，要求该工作必须基于职位说明书，以及在绩效计划阶段所制定的绩效目标。组织绩效考核内容通常包括以下方面：关键责任的完成情况；评估期间绩效目标的完成情况；特别突出的绩效表现，并且提供具体示例；确定需要更多关注或改进的绩效领域，并且提供具体示例；组织或者部门核心价值观等。

5.1.3 绩效评价的过程

绩效评价是一项正式的工作，绩效评价程序比人们想象的要复杂得多。完整的绩效评价过程包括建立绩效评价系统、分析判断、评分并且输出绩效评价结果等环节。

1. 建立绩效评价系统

广义的绩效评价系统包括确立绩效评价的目的，建立绩效评价系统要素，包括评价什么，谁来评价，评价谁，什么时候评价，如何进行评价，如何应用评价结果等。绩效评价过程首先需要明确绩效评价的目的。绩效评价系统可能无法实现所有预期目的，因此管理层应选择其认为最重要且现实的具体目的。一些组织可能希望强调员工发展，而其他组织可能希望专注于发放绩效工资。绩效评价系统失败的常见原因是管理层没有确定系统所需要达到的目的是什么。在进行绩效管理系统设计之初就应该全盘考虑绩效评价系统要素。

2. 分析判断

当组织建立了绩效评价系统后，在绩效实施阶段，评价者应该收集与员工实际工作表现相关的信息和数据；在绩效评价阶段，评价者应该根据绩效计划阶段所设定的目标和标准，对员工绩效做出分析和判断。在评价过程中，评价者的主观解释和外部环境等因素都可能影响员工绩效的评价结果。

分析判断过程通常涉及两个主题，一是如何获得绩效信息；二是如何处理这些信息以形成判断。判断需要通过观察员工的行为，根据先前对员工行为报告的印象，结合评价者与被评价者的关系来确定。信息处理主要涉及编码和检索，即通过对绩效信息进行编码，以评价者能够理解的信息作为判断的输入，评价者对这些输入进行检索，通过组织形成判断。

3. 评分并且输出绩效评价结果

评价者在分析判断的基础上，结合绩效评价方法的尺度，做出评分，并且正式记录考绩，输出绩效评价结果。由于环境或者公司政治的影响，评价者的评分与记录的正式评级之间可能存在差异。绩效评分评级是记录在绩效评估表上的分数，该分数表示评价者希望传达给被评价者的信息。绩效评分评级不仅取决于被评价者的实际表现，还取决于评价者的目标和组织环境，因此它不一定反映评价者的直接判断。

由于绩效评价是一个动态过程，而不是静态的工作。如果评价信息仅仅只有评价者或者公司知道，而员工自身不知道，则绩效评价的价值不大。评价者通常需要将员工绩效的评价结果反馈给员工，这样的评价才有意义。这种反馈首先是对评价分数的反馈，这样可以使得评价者与被评价者就评价分数达成共识，以降低评价误差。管理者如果能够提供关于员工绩效的建设性反馈，表明员工的工作努力在多大程度上是富有成效的，哪些方面应该改进，是否存在能力短板，并且提供相关资源，这样，员工就可以提升其实际绩效。

5.1.4 绩效评价的方法

绩效评价的方法，与绩效管理工具不同，其主要功能是对具体绩效指标做出评价。绩效评价的方法有很多，可以从不同角度进行分类，例如评价主体、评价对象、评价内容等。绩效评价的方法通常包括目标考核法、配对比较法、图尺度量法、混合标准量表法、行为锚定量表法、行为对照表法、关键事件法、态度记录法、行为观察量表法、强制分布法等。组织通常运用不同的绩效评价方法，以适应不同发展阶段对绩效评价的不同需要，并且满足绩效评价的不同目的。

1. 目标评价法

1) 目标评价法的定义

目标评价法(Objective Setting)也称为目标考核法，是按照一定的目标或评价标准来衡量员工完成既定目标的情况，根据衡量结果给予相应的激励与约束。目标设定通常与激发员工工作动机有关，是一种激励技巧。目标评价法是目标管理原理和哲学在绩效评价中的具体运用。这种方法要求管理者根据组织目标确定各部门及个人的工作目标，然后将员工的绩效同这个预先设定的工作目标相比较，得出员工绩效等级，例如超过目标要求、达到、有距离、差距很大等。例如，假设为某位经理设定了将利润率提高15%的目标。在财政年度结束时，这一目标为绩效评价提供了一个标准。如果该经理实际将利润率提高了15%或更多，则可以得到积极的绩效评估结果，并且获得相应的奖励。但是，如果利润率仅增长了5%，并且经理直接对结果负责，则可能会得到负面的评价结果，并且受到惩罚。

2) 目标评价法的优缺点

当目标评价法得到正确实施时，它可以提高员工的敬业度和忠诚度，激励员工努力工作。目标评价法可以帮助员工明确组织对其工作的期望，管理者可以通过对员工目标完成情况进行及时沟通和评价，并且提供相应的资源支持员工完成任务，促进员工提高技能和产出。员工技能和绩效的提高，为组织目标的实现提供了保障，提高了组织应对不断变化的环境的生存能力。

目标评价法需要对各个部门、各个员工的所有目标进行详细讨论，可能相当耗时，并且需要花费巨大的财务成本。由于不同部门和不同员工之间的目标不统一，因此难以进行横向比较，而且如果目标设置不合理，会引起员工和部门之间的矛盾。在外部环境变化之后，如果没有对员工和部门的目标进行及时调整，员工和部门不能完成目标任务，则会挫伤员工和部门的工作积极性。此外，管理者通常希望设定较高的目标，而员工却偏好追求较低目标，在此工作氛围下，员工与管理者可能产生冲突。此外，如果目标无法衡量，则绩效评价容易失败，因为主观的目标很难在上下级之间达成共识。

目标评价法适用于员工执行明确的工作任务，并需要与主管协作，以实现其工作目标的组织。对于对经营结果直接负责的高层管理者而言，该方法尤为适合。

2. 配对比较法

1) 配对比较法的定义

配对比较法(Paired Comparison)是根据特定的绩效指标逐对比较员工，以更好地评价员工绩效，并且决定最终绩效排名的评价方法。该方法的最小单元为一对员工之间的绩效比较，再从基础上将组织或者部门的所有员工进行两两配对比较。

2) 配对比较法的优缺点

配对比较法是一种系统化的评价方法，有助于对员工进行统一排名。而且该方法比较简单、直观，容易得出结果。如果要比较的员工数量很多，那么使用这种方法评价员工可能所花费时间就比较多；另外，该方法作为一种主观评价方法，可能容易出现人为错误。

配对比较法适用于决定在一组潜在候选人中挑选某些员工进行晋升、培训、轮换等方面的管理决策。

3. 图尺度量表法

1) 图尺度量表法的定义

图尺度量表法(Graphic Rating Scale)通常使用带有图示的量表，管理者根据员工的行为表现，用这些量表为员工确定绩效等级。图尺度量表是一种图形格式的评级表格，它可以提供比检查表更形象的信息。图尺度量表法一般需要列出需要评价的特征、行为或者指标，并且给出评价尺度，例如优秀、良好、满意、尚可、不满意等。管理者通过回顾某个被评价对象的表现，结合自身对每个特征、行为或者指标的理解，对每个员工的绩效做出最终评价。

2) 图尺度量表法的优缺点

通过明确每个级别的定义，管理者可以非常方便、快捷地对员工进行绩效评价与评级。它所花费的时间和成本比较低。图尺度量法由于缺乏具体的绩效评价标准,具有非常强的主观性,评价者可能会产生比较大的评价偏差。

这种评估类型可应用于政府和非营利组织,因为这些组织通常只需要对员工绩效做出大致的评估。

4. 混合标准量表法

1) 混合标准量表法的定义

混合标准等级(Mixed Standard Scales,MSS)是图尺度量表法的创新。它们包含代表良好、平均和不良绩效等级的描述,这些描述是从主管那里所获得的行为示例。评价者的任务是判断员工是否适合该描述、是否优于该描述或比描述差。

在混合标准量表法中,每个绩效维度都有三个与它相关的描述:一个是说明良好的绩效,一个是平均绩效,另外一个是比较差的绩效。混合标准量表法中的描述随机混合。评价者需要对有效或无效的绩效进行判断,这样可以降低评价者误差。

2) 混合标准量表法的优缺点

混合标准量表法的开发比较简单。由于混合标准量表法打乱描述的次序,可以消除评价者的思维惯性,有利于提高绩效评价的信度和效度。混合标准量表法与组织战略之间的关系不是非常明确,绩效维度比较模糊,而且标准很难确定。由于评价等级之间的差异比较大,混合标准量表法很难评价非常复杂的工作,当评价内容太多时,它难以对员工绩效进行全面评价。

混合标准量表法适用于任何组织。从员工个体角度来看,该方法既适用于对基层员工的绩效评价,也可以用于对管理者的能力评价。

5. 行为锚定量表法

1) 行为锚定量表法的定义

行为锚定量表(Behaviorally Anchored Rating Scale,BARS)法是在传统的行为评价法基础之上发展起来的。该方法以员工的行为作为衡量的基础,可以评价有效的或无效的行为,可以用于管理者对员工的绩效辅导。行为锚定量表法的假设是员工的绩效目标是由员工的行为决定的。为了对员工行为进行精确的刻画和评价,行为锚定量表法以员工工作中的关键事件来锚定员工绩效等级。因此,行为锚定量表法是图尺度量表法与关键事件法的结合。

在开发行为锚定量表法时,通常需要经历寻找关键事件,初步定义绩效评价指标,重新分配关键事件,确定相应的绩效评价指标,确定各关键事件的评价等级,建立最终的行为锚定评价体系等阶段。

2) 行为锚定量表法的优缺点

行为锚定量表法较为客观，绩效评价者把关注的重点从难以评价的个人特征转移到具体行为事件上，有较为明确的观察目标和评价依据。行为锚定量表法评价的指标应该是有利于实现组织目标的行为，这些指标具体提出了员工应该去做什么。这种方法有利于反馈，它使用具体的行为维度，能够提供有助于员工改进绩效的反馈信息。考核者可根据具体的行为表现向员工给出反馈，使他们知道什么行为是正确的，从而引导被评价者实施正确的行为。由于行为锚定量表法提供了员工行为的事实，因此可以作为报酬发放和员工培训的确定依据。

行为锚定量表法的开发费用较高。如果使用不当，可能出现绩效评价偏差。因为对行为的判断本身就存在很多主观因素，与结果导向的评价方法相比，缺乏科学、量化的指标和标准，因此考核的公平性受到了挑战。

行为锚定量表法主要适用于强调客户服务行为或者操作的一线人员。当然，也可以用于对管理者综合能力的评价。对于行为和结果不存在直接因果关系的评价对象，应该谨慎使用行为锚定量表法。

6. 行为对照表法

1) 行为对照表法的定义

行为对照表(Behavioral Checklist)法是将被评价者实际工作行为与评价项目进行对照，找出准确描述被评价者的陈述。该方法需要事先设计员工的工作行为规范，并且做出描述。管理者在进行绩效评价时，把员工实际的工作表现与事先设计好的工作行为表进行对比，并且做出评价。行为对照表法关注对做好本职工作比较重要的行为，例如"在无人监督的情况下工作良好"，以及"作为团队的成员，在工作时做出有价值的贡献"。它还可以包括工作的理想特征，例如工作灵活性和专注力。

在具体进行设计时，行为对照表法可以包含"是"和"否"列；或者包括"□"，评价者只需要根据员工的行为表现，做出对照，如果员工表现出相应的行为，则在空格中打"√"，如果员工没有这些行为，则打"×"。每个问题都可以设置权重。评估完成后，由人力资源部门对回答进行核对，并为每个员工计算总体绩效分数。为了确保评价者的一致性，在评估中有时会提出两次类似但措辞不同的问题。

2) 行为对照表法的优缺点

行为对照表法需要设计员工的行为规范，并且做出描述。因此该方法比较具体、简单、易行。该方法可以减轻评价者的负担，他们只需要按对照表进行评分。评价者可以专注于解决员工问题。因此，可以减少管理者的偏见或人为错误。

行为对照表法所使用的工作行为规范标准的界定带有主观色彩。对于很多行政管理者或者职能类工作，一般没有定量的指标，只能进行定性评价，这些评价标准难以客观化。该方法难以对员工的实际工作行为进行量化，评估出来的绩效分数很难与薪酬直接挂钩、核算。由于该方法主观性较强，容易造成管理者与员工之间发生冲突与矛盾。

此评估类型可适用于结构简单、工作角色少且定义良好的组织，比较适合于行政管理或者职能类工作，也可以用于基层操作与管理人员的绩效评价。

7. 行为观察量表法

1) 行为观察量表法的定义

行为观察量表(Behavioral Observation Scales)法是指对被评价者在各种行为上所发生的频率进行绩效评价的方法。行为观察量表是包含特定的工作绩效所要求的一系列合乎希望的行为的表单。这些行为就是员工的绩效指标。

2) 行为观察量表法的优缺点

行为观察量表法对于员工需要得到评价的行为做出了详细描述，容易得到员工的理解与支持。管理者可以根据员工行为出现的频率，进行准确的反馈，这样可以使管理者对于员工绩效改进的指导具有针对性。由于绩效评价指标与维度比较清晰，管理者在进行评价时只需要针对相关标准做出判断即可。该方法可以对员工作出全面的评价，避免盲目和随意评价。

该方法要求管理者对员工的日常行为进行仔细观察，这需要花费管理者大量的时间与精力。行为观察量表法主要针对员工完成工作的行为表现进行评价，缺乏对员工绩效的结果进行评价，容易导致员工只关心行为和过程，而轻视结果的现象发生。

该方法适用于关注行为过程的工作，例如事务性和职能性工作，但不太适用于中高层管理者或者销售人员的工作。

8. 态度记录法

1) 态度记录法的定义

态度记录(Attitude Recording)法要求管理者对员工工作中的态度进行详细记录。在此方法中，评价者通过文字来描述员工的态度表现。态度记录法往往由评价者将评价对象的工作态度记录下来，从而对员工进行绩效评价。

2) 态度记录法的优缺点

与在绩效周期结束时，只使用一张行为核对表，并且仅仅依靠管理者的记忆而做出主观评价相比，有关员工绩效的有据可查的记录更加客观、翔实、具体。这就是态度记录法的最大优点。此方法没有复杂的结构和格式,因此易于实现。

态度记录法需要做大量的文档记录与保存工作。在信息技术时代,自动化反馈工具比传统文档成本低,而且更加灵活。此方法可能非常耗时,因为评价者必须为每个员工记录绩效,并且编写说明。该方法缺乏定量数据,描述的长度可能因员工而异,因此难以进行横向比较。

态度记录法在评估研发行业的技术员工时非常有用,因为员工所做的研究与行为需要评估者详细评估并记录下来。

9. 关键事件法

1) 关键事件法的定义

关键事件(Critical Incidents)法由美国学者弗拉赖根和贝勒斯创立,它需要列出员工在工作中对工作产出至关重要的关键事件,并且确定优先级,然后根据检查表进行评级,以确定员工绩效的优劣。关键事件通常是对部门整体绩效产生重大积极或消极影响的行为事件。评价者需要观察、记录有效行为和无效行为。

例如,虽然今天没有轮到小张加班,但是他还是主动留下加班到深夜,协助其他同事完成了一份计划书,使公司能够在第二天顺利与客户签订合同。这是一个有效行为。在另外一个例子中,总经理今天来视察,小张为了表现自己,当众指出约翰与查理的错误,致使同事之间的关系紧张。这就是一个无效行为。

2) 关键事件法的优缺点

当工作运作正常时,管理者可以期望员工的操作非常相似。但是,在危急关头,员工如何回应和履行预期职责是决定绩效有效性的关键因素。该方法能够将企业战略和它所期望的行为结合起来,向员工提供指导和信息反馈,并且提供改进依据。关键事件法设计成本低,而且大多以工作分析为基础,所衡量的行为比较有效。在使用该方法时,员工参与性强,因此容易被接受。

关键事件法要求管理者识别哪些事件是关键的,因此存在主观性。此外,由于管理者必须定期记下关键事件,因此需要花费较多的时间。

这种类型的评价方法非常适合员工需应对重大危机和紧急情况的场合,例如医院或消防部门。刚起步、处于成长阶段的公司,由于没有完善的绩效评价系统,则可以采用关键事件法记录员工的行为,以便为晋升、工资奖金发放、降级、离职等提供依据。另外,在采用关键事件法时,管理者一定要注意及时反馈,如果反馈不及时,极容易造成员工的不满,甚至导致员工流失。关键事件法不适合比较复杂的工作,因为要记录评价期间所有的关键事件是不现实的。

10. 强制分布法

1) 强制分布法的定义

强制分布(Forced Distribution)法试图消除管理者在进行绩效评价时倾向于对所有员工都给出高分、低分或者中等分数的偏好误差。该方法要求按照事先确定的比例，将评价对象分配在各个绩效等级上，例如优秀、良好、中等、合格、较差等级的比例分别为5%、25%、45%、15%、10%等。

2) 强制分布法的优缺点

该方法的产生是为了降低评价者的偏差，以准确衡量员工的不同绩效表现。强制分布法的绩效评价结果比较清晰，能够区分绩效优秀与绩效较差的员工。由于必须在不同等级之间进行强制分配，该方法可以避免宽大、严格、居中等绩效评价误差。在采用这种方法的组织之中，员工担心落入较差的绩效等级，因此他们会努力工作，这样该方法可以激励员工努力工作。

强制分布法的评价标准一般比较笼统，总体标准容易模糊。虽然强制分布法给出了员工绩效的不同等级，但是由于该方法是基于员工之间的相对比较，因此无法知道员工之间的差距到底是多少。强制分布法往往以员工个体作为比较单位，个体排名不能取代集体排名，而且很难进行两个部门的绩效比较。在实施强制分布法的部门中，员工都被高强度的竞争笼罩，员工为了获得较好的名次、不被末位淘汰，他们往往不顾他人的工作感受，千方百计地提高自身的绩效排名，在此环境之中，员工的周边绩效很难得到鼓励。

这种评价方法在以往评级失真的组织中非常有用。强制分布法往往与末位淘汰机制相联系，因此该方法适用于处于成长期的组织，而不适用于衰退期或者稳定的组织。勾心斗角的环境很难发挥强制分布法的正向激励作用。只有在健康积极的竞争氛围内，该方法才能够鼓励员工之间的正常竞争。强制分布法要求员工的绩效分布服从正态分布，因此最好在规模较大的企业或者员工群体中使用该方法。当各个部门绩效不同时，各个评价等级的比例分配应该做出适当的调整。

5.2 实战训练

绩效评价是绩效管理的核心操作步骤，因为没有评价就没有管理。绩效评价在实践中受到理论界与实务工作者的广泛关注。如何建立兼备科学性与准确性的绩效评价系统是成功实施绩效管理的关键。

在管理实践中，绩效评价有简单的、非正式的，也有正式的、复杂的管理系统。本节以正式的绩效评价系统为例，阐述组织在进行绩效评价时需要经历的主要步骤与环节。

在安装好的绩效管理系统中，单击"绩效评价"，可以看到界面上面包含建立评价系统、分析判断和输出结果等选项，如图 5-1 所示。

图5-1　绩效评价

5.2.1　建立评价系统

系统论认为绩效评价是绩效管理的一个子系统，本身包括评价什么，谁来评价，评价谁，什么时候评价，采用什么方法评价，以及怎样运用评价结果等内容。建立正式的绩效评价系统需要确定目标，建立绩效评价系统要素，同时绩效评价工作需要以整理绩效数据为基础。

单击"建立评价系统"，查看绩效评价的相关内容，如图 5-2 所示。该页面中包括"确定目标""建立评价系统""整理数据"等内容。

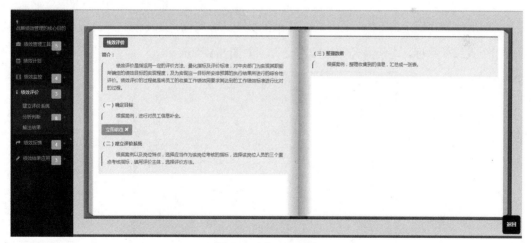

图5-2　建立评价系统

1. 确定目标

目标是所有绩效评价工作的基础。不同的目标需要不同的绩效评价系统和方法。

在"确定目标"部分，需要根据案例内容，补充员工信息，使得信息完整。

在"确定目标"下单击"立即前往"，操作者可以增加部门员工，单击"增加"按钮，填写员工姓名，单击"立即提交"，如图 5-3 所示。

图5-3　确定目标

例如，我们可以从案例中选择辉煌计算机公司的销售部门，添加销售经理张三。单击"+"按钮，添加员工姓名，如图 5-4 所示。

图5-4　增加员工

完成后回到"确定目标"界面，单击添加的员工，填写岗位、工龄、评价周期、组织战略目标和个人绩效目标，之后单击"立即提交"， 如图 5-5 所示。

图5-5　确定目标

在"确定目标"界面，可以对增加的员工进行删除，完成后，单击"立即提交"，可以查看解析，如图5-6所示。

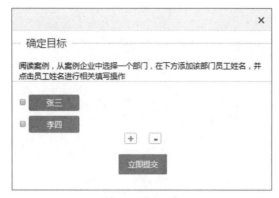

图5-6　确定目标

2. 建立评价系统

在建立评价系统下，单击"立即前往"，进入建立评价系统界面，如图5-7所示。

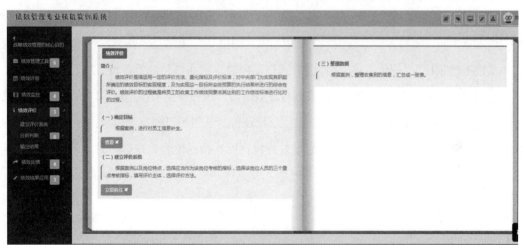

图5-7　建立评价系统

在"建立评价系统"界面，需要根据案例内容，分析并且选择该部门的岗位考核指标，并且选择三项重点考核指标。常见的考核指标包括工作数量、工作质量、工作效率、目标完成度、胜任能力等维度。一些组织倾向于考核员工的胜任能力，这些组织的管理者通常管理比较多的下属。例如罗切斯特理工学院在对员工进行绩效评价时，其评价内容包括沟通能力、以客户为中心、职业道德、主动性、管理他人、情感成熟度、团队协作、计划组织管理能力、谈判与说服能力、分析能力、知识专长、变革导向与管理能力、创造力与创新、安全程序知识、全局视野等。

在准确理解相关指标的含义之后，结合案例背景，选择相应的岗位考核指标，之后单击"立即提交"，如图 5-8 所示。

图5-8　填写评价系统表

进入下一步，填写评价系统表，之后单击"立即提交"，如图 5-9 所示。在该界面，可以看到"重点考核指标""评价主体""评价方式"等内容。这些都是绩效评价系统必备的要素。

组织可以根据组织和部门的战略重点与发展阶段，选择重点考核指标。评价主体一般包括上级、同事、下级、客户，另外还可以进行自我评价。学生可以根据案例及指标特性，选择评价主体。在选择评价方式时，需要考虑绩效评价目标、指标内容、成本、时间等因素。

图5-9　填写评价系统表

3. 整理数据

在绩效监控过程中，管理者需要持续地收集和积累大量准确有效的绩效信息，这些信息和数据为绩效评价工作提供了客观基础。在开展正式的绩效评价之前，需要对这些数据进行归类、整理，以为下一步的分析判断提供可靠的信息输入。

在整理数据下，单击"立即前往"，如图 5-10 所示。整理数据部分，要求根据案例内容，整理所收集的绩效信息，并且进行汇总。

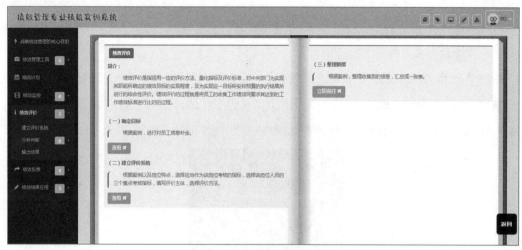

图5-10 整理数据

在"整理数据"界面，需要对上一个绩效管理步骤中所收集的员工绩效信息进行汇总和填写。例如，可以填写员工的工作数量、专业知识提升、组织领导能力，填写完成后，单击"立即提交"，如图 5-11 所示。

图5-11 整理员工绩效信息

5.2.2 分析判断

在绩效分析判断阶段，评价者需要根据有关员工的实际工作表现的信息和数据，对照员工设定的目标和标准进行分析和评估，并且在此基础上做出评分。在进行分析判断时，可以采用合适的绩效评价方法作为技术工具辅助决策。

常见的绩效评价方法通常包括目标考核法、配对比较法、图尺度量法、混合标准量表法、行为锚定量表法、行为对照表法、关键事件法、态度记录法、行为观察量表法、强制分布法等。管理者可以根据组织的不同发展阶段，以及绩效评价的不同目的，对不同的绩效评价方法做出选择，或者综合运用多种方法。

单击"分析判断"，系统中设定的绩效评价方法主要包括：配对比较法、图尺度量法、混合标准量表法、行为锚定量表法、行为对照表法、关键事件法、态度记录法和行为观察量表法。我们可以根据前一步确定的评价方法进行相应的操作，如图5-12所示。

图5-12 分析判断

1. 配对比较法

根据绩效评价目的，选择适当的绩效评价方法，例如配对比较法，填写相关的内容。配对比较法比较简单、直观，容易得出结果。单击"配对比较法"，填写相关内容，如图5-13所示。

单击"工作数量"，填写得分。在进行评分时，需要进行两两配对比较，绩效表现较好者可以赋予1分，绩效表现较差者可以赋予0分；然后单击"立即提交"，如图5-14所示。

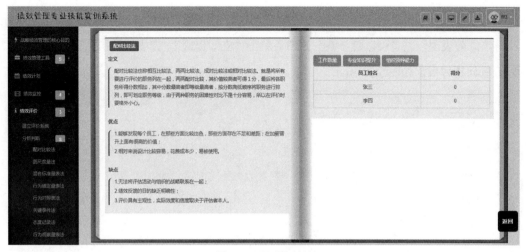

图5-13　配对比较法

图5-14　工作数量

单击"专业知识提升",在进行评分时,需要进行两两配对比较,绩效表现较好者可以赋予1分,绩效表现较差者可以赋予0分;然后单击"立即提交",如图5-15所示。

图5-15　专业知识提升

单击"组织领导能力",在进行评分时,需要进行两两配对比较,绩效表现较好者可以赋予1分,绩效表现较差者可以赋予0分;然后单击"立即提交"。完成绩效指标和评分输入后,可以查看问题解析,如图5-16所示。

图5-16 组织领导能力

2. 图尺度量法

图尺度量表法通常使用带有图示的量表,由管理者根据员工的绩效表现进行评分。该方法花费的时间和成本比较低。管理者可以根据绩效评价目的,选择图尺度量法。对于工作数量、组织领导能力、专业知识、工作质量等指标,均可以采用图尺度量法进行绩效评价。

若在评价系统表中,对评价方式选择的是图尺度量法,可以单击"图尺度量法",如图5-17所示。

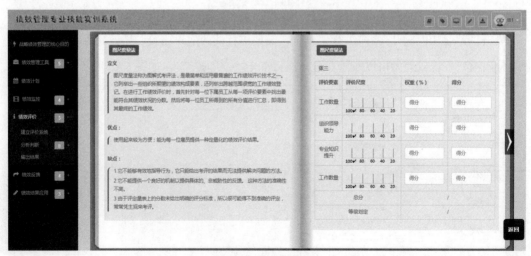

图5-17 图尺度量法

首先从每一要素的备选等级中分别选出最能够反映员工实际工作绩效状况的工作绩效等

级。如销售经理张三，工作数量评价尺度为80，则鼠标单击80，再设置权重，权重总和为100，系统根据评价尺度和权重自动计算得分。依次确定每一要素的评价尺度和权重，最后，根据总分进行等级划分，如图5-18所示。

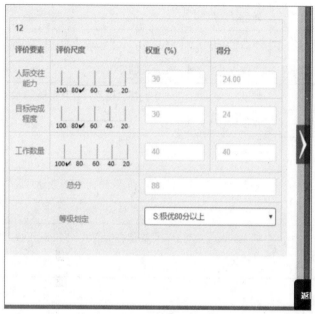

图5-18　等级划分

3. 混合标准量表法

混合标准量表法将高绩效、中等绩效、低绩效描述随机混合，由评价者对员工绩效进行判断，可以降低评价者误差，提高绩效评价的信度与效度。混合标准量表法示例如表5-1所示。

表5-1　混合标准量表法示例

绩效维度	绩效等级说明
英语知识、业务水平、团队精神	高、中、低

说明：如果员工符合该描述，则在该描述后面的()中打"0"。如果员工优于该描述，则在该描述后面的()中打"+"。如果员工比描述差，则在该描述后面的()中打"-"。

英语知识	高	能流利地用英语讨论有关技术、商务方面的问题。能充当英语翻译参加重大会议
业务水平	中	比较熟悉各部门之间的关系，在他自己的小组内领导力一般，他的工作小组提出的建议比较合理

(续表)

团队精神	低	常常不及时主动给其他部门提供信息，不向上级汇报工作信息
英语知识	中	比较流利地用英语讨论有关技术、商务方面的问题，充当英语翻译稍显勉强
业务水平	低	不熟悉各部门之间的关系，在自己的小组内没有领导力，所在的工作小组也不能提出合理的建议
团队精神	高	能及时主动地给其他部门提供信息，并且主动定时向上级汇报工作信息
英语知识	低	不能流利地利用英语交流
业务水平	高	熟悉各部门之间的关系，在自己的小组内领导力很高，他所在的工作小组常常能提供合理的建议
团队精神	中	偶尔能及时主动给其他部门提供信息，向上级汇报工作信息，但是不主动

混合标准量表法的赋值标准示例如表 5-2 所示。

表5-2 赋值标准

陈述			得分
高	中	低	
+	+	+	90
0	+	+	80
−	+	+	70
−	0	+	60
−	−	+	50
−	−	0	40
−	−	−	30

评价者可以将得分填写在评价等级确定表(见表 5-3)中。

表5-3　评价等级确定表

项目	陈述			得分
	高	中	低	
英语知识				
业务水平				
团队精神				

本实训系统的赋分标准表如图 5-19 所示。

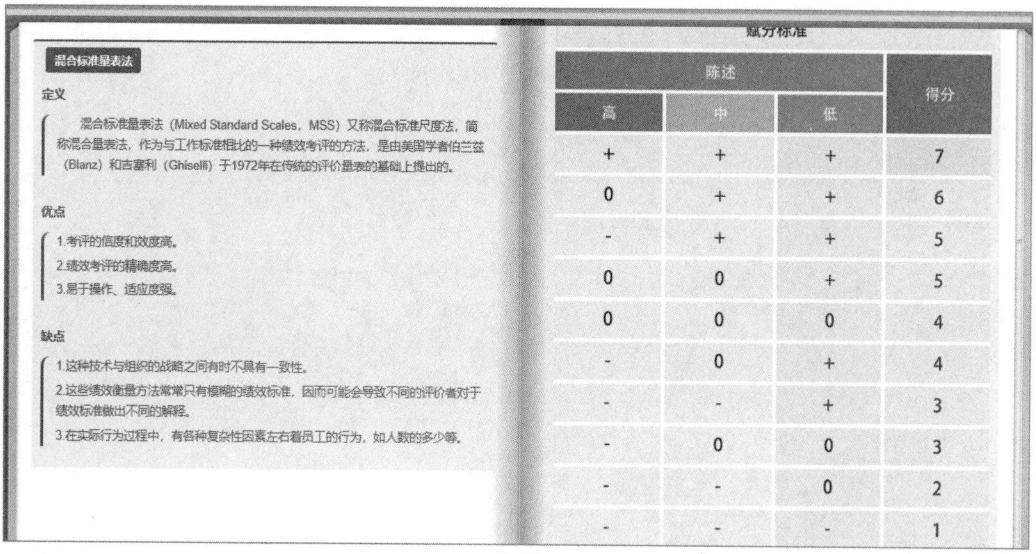

混合标准量表法

定义

混合标准量表法（Mixed Standard Scales，MSS）又称混合标准尺度法，简称混合量表法，作为与工作标准相比的一种绩效考评的方法，是由美国学者伯兰兹（Blanz）和吉塞利（Ghiselli）于1972年在传统的评价量表的基础上提出的。

优点

1.考评的信度和效度高。
2.绩效考评的精确度高。
3.易于操作、适应度强。

缺点

1.这种技术与组织的战略之间有时不具有一致性。
2.这些绩效衡量方法常常只有模糊的绩效标准，因而可能会导致不同的评价者对于绩效标准做出不同的解释。
3.在实际行为过程中，有各种复杂性因素左右着员工的行为，如人数的多少等。

陈述			得分
高	中	低	
+	+	+	7
0	+	+	6
-	+	+	5
0	0	+	5
0	0	0	4
-	0	+	4
-	-	+	3
-	0	0	3
-	-	0	2
-	-	-	1

图5-19　赋分标准表

在混合标准量表法中，每个绩效指标都有三个与它相关的描述：一个是绩效高的描述，一个是中等绩效的描述，另外一个是低绩效的描述。管理者需要根据员工的工作特点，对相应的绩效指标作出 3 个等级的描述，特别需要注意这些描述需要具有区分度，以提高绩效评价的准确性。图 5-20 列出了本系统的标准阐述实例。例如，目标完成度“高”的标准阐述：本月完成销售回款目标的 80%以上，完成销售收入目标的 80%以上；目标完成度“中”的标准阐述：本月完成销售回款目标的 60%～80%，完成销售收入目标的 60%以上 80%以下；目标完成度“低”的标准阐述：本月完成销售回款目标的 60%以下，完成销售收入目标的 60%以下。

评价者在进行分析判断时，需要根据各个评价指标的标准阐述，对照员工在绩效评价周期内的具体绩效表现，做出相应的等级选择，如图 5-21 所示。

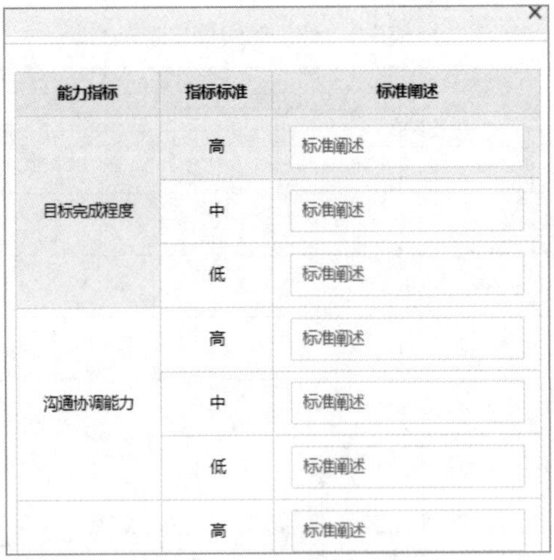

能力指标	指标标准	标准阐述
目标完成程度	高	标准阐述
	中	标准阐述
	低	标准阐述
沟通协调能力	高	标准阐述
	中	标准阐述
	低	标准阐述
	高	标准阐述

图5-20　描述绩效指标等级

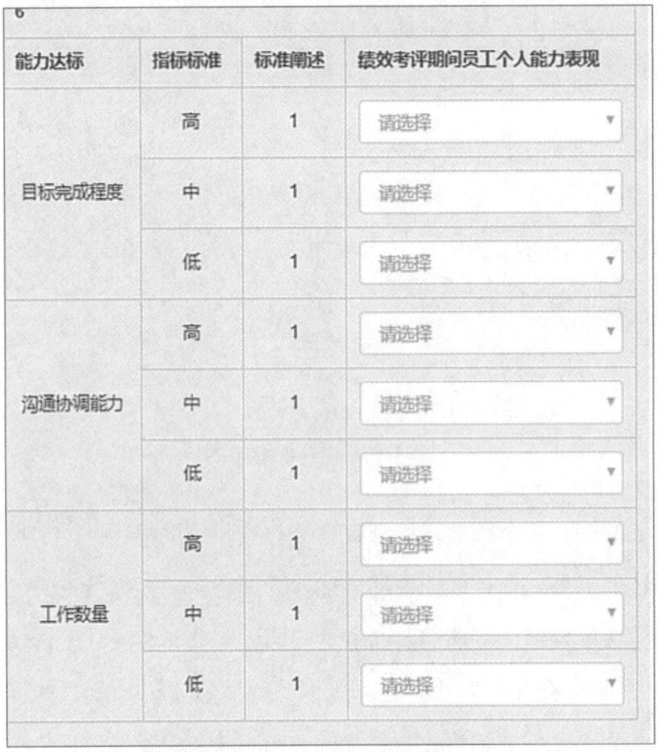

能力达标	指标标准	标准阐述	绩效考评期间员工个人能力表现
目标完成程度	高	1	请选择
	中	1	请选择
	低	1	请选择
沟通协调能力	高	1	请选择
	中	1	请选择
	低	1	请选择
工作数量	高	1	请选择
	中	1	请选择
	低	1	请选择

图5-21　选择员工绩效等级

在实践中，一些组织还根据不同指标的重要性，对不同的绩效指标设置相应的权重，以强调不同的行为和结果，从而得出更加科学的评价结果。此时，绩效评价总分是各个绩效评价指标得分的加权评价分数，如图 5-22 所示。

图5-22 绩效指标权重分配

4. 行为锚定量表法

行为锚定量表法主要适用于对态度、能力等行为指标的评价。下文以工商管理类专业学生在团队项目中的绩效评价为例,设计了基于行为锚定法的绩效评价量表。首先,确定工商管理类专业学生在团队项目中的胜任能力清单,包括基础知识、工作责任心、团队合作、人际沟通等,如表5-4所示。其次,为这些胜任能力建立关键行为指标。

表5-4 胜任能力的关键行为指标

胜任能力	关键行为指标
基础知识	背景研究分析
	数学分析
	论文撰写
	基础理论知识
工作责任心	及时积极主动地完成任务
	严格要求个人工作质量
团队合作	与团队成员相互支持、帮助
	配合成员的工作
	尊重他人
	营造和谐进取的团队氛围

(续表)

胜任能力	关键行为指标
人际沟通	成员之间相互交流
	表达个人观点
	妥善处理成员之间的关系

在确定了胜任能力的关键行为指标之后,需要找出度量这些关键行为的关键事件,以衡量这些关键行为的好坏,如表5-5所示。

表5-5 关键行为指标的关键事件

关键行为指标	关键事件
背景研究分析	完成得十分详尽、完备,条理清晰,能够从不同角度进行研究分析
	分析结果比较全面、准确
	大致完成了背景分析
	研究结果十分粗略
数学分析	分析结果非常精准和完备
	分析结果比较准确
	分析结果的某些部分有些问题
	分析结果十分不精准
论文撰写	论文格式准确,完全没有错误,结构清晰有条理,内容全面
	论文内容比较完善,结构较为准确
	内容基本涵盖,格式部分出现错误
	内容粗略,格式错误,结构毫无逻辑和条理
基础专业知识	基础专业知识掌握得十分牢靠,对专业外知识也有相当的了解,其他方面的工作技能也十分熟悉
	专业知识掌握得扎实,对其他学科略有涉及
	专业知识比较了解
	专业知识掌握得不扎实,也不了解其他方面的知识

(续表)

关键行为指标	关键事件
及时积极地主动完成任务	积极完成自己的任务,并主动帮助其他成员
	积极主动地完成任务
	完成任务较为拖沓,但能按时完成
	未能按时完成任务
严格要求个人工作质量	对个人的工作任务十分认真仔细,不容一丝差错,严格、高质量要求
	工作质量要求较为严格,态度端正
	对个人工作任务没有要求,工作态度较为随意
	个人任务完成得十分潦草
与团队成员相互支持、帮助	主动关心支持其他成员的工作,并提出帮助
	其他成员寻求帮助时,能够及时给予支持和帮助
	成员寻求帮助时,表现得极不耐烦,勉强接受
	对成员漠不关心,并且对别人的请求直接拒绝
配合成员的工作	主动配合成员的工作,并提供支持
	密切切合成员工作
	工作较为不配合,要求别人配合自己
	拒绝配合他人
尊重他人	十分尊重他人的观点,面对差异表示理解
	对其他成员的不同意见比较尊重
	不理解成员与自己不同的意见
	对与自己不同的观点,表示不屑和斥责
营造和谐进取的团队氛围	积极努力地打造团队和谐、进取的氛围,为团队合作创建良好环境
	主动融入并帮助营造良好的团队氛围和环境
	对工作环境和氛围毫不关心
	破坏团队氛围

(续表)

关键行为指标	关键事件
成员之间相互交流	主动与其他成员进行沟通,交换彼此的观点和意见
	与成员能够较好地进行交流
	被动地与成员进行交流
	拒绝交流
表达个人观点	能够积极主动地表达个人的观点和意见,并且阐述十分简明扼要
	能够清晰地表达个人意见
	不擅长表达,话语含糊
	拒绝表达,总是词不达意
妥善处理成员之间的关系	总是与成员和睦相处,关系处理十分完善,也能够帮助有矛盾的成员
	较好地处理成员关系,相处友好
	不太能妥善处理成员关系
	总是破坏成员关系或总是与其他成员交恶

最后,以图尺度量表法的形式将这些关键事件图形化,得到评价工商管理类学生行为绩效的行为锚定量表,如表5-6所示。

表5-6　工商管理类学生的行为锚定量表

胜任能力	关键行为指标	等级	关键事件
基础知识	背景研究分析	A	完成得十分详尽、完备,条理清晰,能够从不同角度进行研究分析
		B	分析结果比较全面、准确
		C	大致完成了背景分析
		D	研究结果十分粗略
	数学分析	A	分析结果非常精准和完备
		B	分析结果比较准确
		C	分析结果的某些部分有些问题
		D	分析结果十分不精准

(续表)

胜任能力	关键行为指标	等级	关键事件
基础知识	论文撰写	A	论文格式准确,完全没有错误,结构清晰有条理,内容全面
		B	论文内容比较完善,结构较为准确
		C	内容基本涵盖,格式部分出现错误
		D	内容粗略,格式错误,结构毫无逻辑和条理
	基础专业知识	A	基础专业知识十分牢靠,对专业外知识也有相当的了解,其他方面的工作技能也十分熟悉
		B	专业知识扎实,对其他学科略有涉及
		C	比较了解专业知识
		D	专业知识不扎实,其他方面的知识也不了解
工作责任心	及时积极主动地完成任务	A	积极完成自己的任务,并主动帮助其他成员
		B	积极主动完成自己的任务
		C	完成任务较为拖沓,但按时完成
		D	未能按时完成任务
	严格要求个人工作质量	A	对个人的工作任务十分认真仔细,不容一丝差错,严格、高质量完成
		B	工作质量较为严格要求,态度端正
		C	对个人工作任务没有要求,工作态度较为随意
		D	个人任务完成得十分潦草
团队合作	与团队成员相互支持、帮助	A	主动关心支持其他成员的工作,并提出帮助
		B	其他成员寻求帮助时,能够及时给予支持和帮助
		C	成员寻求帮助时,表现得极不耐烦,勉强接受
		D	对成员漠不关心,并且直接拒绝别人的请求
	配合成员的工作	A	主动配合成员的工作,并提供支持
		B	密切配合成员工作
		C	工作较为不配合,要求别人配合自己
		D	拒绝配合他人

(续表)

胜任能力	关键行为指标	等级	关键事件
团队合作	尊重他人	A	十分尊重他人的观点,面对差异表示理解
		B	对其他成员的不同意见比较尊重
		C	不理解成员与自己不同的意见
		D	对与自己不同的观点,表示不屑和斥责
	营造和谐进取的团队氛围	A	积极努力地打造团队和谐、进取的氛围,为团队合作创建良好环境
		B	主动融入并帮助营造良好的团队氛围和环境
		C	对工作环境和氛围毫不关心
		D	破坏团队氛围
人际沟通	成员之间相互交流	A	主动与其他成员进行沟通,交换彼此的观点和意见
		B	能够与成员较好地进行交流
		C	被动地与成员进行交流
		D	拒绝交流
	表达个人观点	A	能够积极主动地表达个人的观点和意见,并且阐述得十分简明扼要
		B	能够清晰地表达个人意见
		C	擅长表达,话语含糊
		D	拒绝表达,总是词不达意
	妥善处理成员之间的关系	A	总是与成员和睦相处,关系处理十分完善,也能够帮助有矛盾的成员
		B	较好地处理成员关系,相处友好
		C	不太能妥善处理成员关系
		D	总是破坏成员关系或总是与其他成员交恶

5.2.3 输出结果

绩效评价阶段的主要输出是绩效评分等级,该输出结果是评价者希望传达给被评价者的信息。管理者还需要将员工绩效等级,以及其对员工绩效的指导意见,包括对员工能力不足的分析,绩效不佳的原因分析等,反馈给员工,这样才能构成完整的绩效评价系统,促进员工提高与改进绩效。

在绩效管理系统中,单击"输出结果",填写员工等级、能力低项、原因分析的内容,填写完成后单击"立即提交",可以查看解析,如图 5-23 所示。

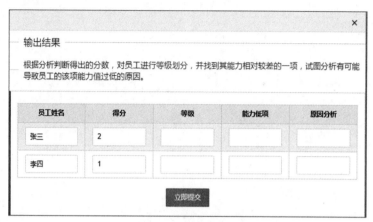

图5-23　输出结果

第 6 章 绩效反馈

绩效反馈是绩效管理过程中的一个重要环节,而绩效面谈则是绩效反馈的主要方式。通过本章的学习和操练,应能够掌握绩效反馈面谈的准备事项、实施过程及面谈的基本方法和技巧。

6.1 知识要点

绩效反馈在绩效考核后实施,是考核者和被考核者之间的直接对话。有效的绩效反馈对绩效管理起着至关重要的作用。

6.1.1 绩效反馈的内涵

绩效反馈主要通过考核者与被考核者之间的沟通,就被考核者在考核周期内的绩效情况进行面谈,在肯定成绩的同时,找出工作中的不足,分析原因并加以改进。绩效反馈的目的是让员工了解自己在本绩效周期内的业绩是否达到所定的目标,行为态度是否合格,让管理者和员工双方达成对评估结果一致的看法;双方共同探讨绩效未合格的原因,并制订绩效改进的计划,同时,管理者要向员工传达组织的期望,双方对绩效周期的目标进行探讨,最终形成一个绩效合约。

6.1.2 绩效反馈面谈的内容

面谈是一种有效的信息沟通方式，在企业管理中被广泛应用。绩效反馈面谈是管理者就上一个周期中员工的表现和绩效评价结果与员工进行正式的面谈。为达到有效反馈，必须要确定合适的面谈内容，遵守绩效反馈面谈的原则，应用绩效反馈面谈的方法及技巧。

绩效反馈面谈的内容包含如下四个方面。

1. 通报员工当期绩效考核结果

通过对员工绩效结果的通报，使员工明确其绩效表现在整个组织中的大致位置，激发其改进现在绩效水平的意愿。在沟通这项内容时，主管要关注员工的长处，耐心倾听员工的声音，并在制定员工下一期的绩效指标时进行调整。

2. 分析员工绩效差距，确定改进措施

绩效管理的目的是通过提高每一名员工的绩效水平来提高企业整体绩效水平。协助员工提高其绩效水平是每一位主管的重要职责。绩效差距分析的精准性决定着改进措施的可操作性与指导性。这就要求主管在日常指导中记录员工的关键行为，并分类整理，分析员工的有效行为和无效行为。通过表扬与激励，维持与强化员工的高绩效行为。还要通过对低绩效行为做归纳与总结，准确地界定员工绩效差距。在绩效反馈时反馈给员工，以期得到改进与提高。

3. 确定下一个绩效考评周期的工作任务与目标

绩效反馈既是上一个绩效考评周期的结束，也是下一个绩效考评周期的开始。工作任务和目标的制定需要各主管与员工共同参与。各主管不参与会导致绩效指标的方向性偏差，员工不参与会导致绩效目标的不明确。

4. 确定任务与目标相匹配的资源配置

绩效反馈不只是简单地总结上一个绩效周期员工的表现，更重要的是要着眼于未来的绩效周期。在明确绩效任务的同时确定相应的资源配置，对主管与员工来说是一个双赢的过程。对于员工，可以得到完成任务所需要的资源。对于主管，可以积累资源消耗的历史数据，分析资源消耗背后可控成本的节约途径，还可以综合有限的资源情况，使有限的资源发挥最大的效用。

6.1.3 绩效反馈面谈的方法

绩效反馈的方法主要分为两种：BEST 反馈法和汉堡法，不同的绩效反馈的方法会带来不同的效果。

1. BEST反馈法

BEST 反馈法，是指在沟通时，首先由管理者指出问题所在，并描述问题所带来的后果之后，征询员工的想法，鼓励员工分析原因及提出改进的方法。最后，管理者再做点评总结，并着眼未来提出期望，表达信心。其中的 B 是指 Behavior description，即描述行为；E 是指 Express consequence，即表达结果；S 是指 Solicit input，即征求意见；T 是指 Talk about positive outcomes，即着眼未来。

2. 汉堡法

形象地说，"汉堡包"就是"上下夹中间"。沟通中的"汉堡法"中，第一块"面包"是指出某人的优点，中间的部分指还存在的需要改进的项目，最下面一块"面包"是一种鼓励和期望。即在进行反馈时，先指出对方的优点，再说出他需要改进的地方，最后表明鼓励和期待。汉堡包原则最大的好处是给人指出缺点的时候不会让人有逆反感，更易接受。

6.1.4 绩效反馈面谈的原则

绩效反馈面谈的原则主要是 SMART 原则。此 SMART 原则是指五方面：直接具体原则、互动原则、基于工作原则、原因分析原则、相互信任原则。

1. S：specific直接具体原则

面谈交流要直接而具体，不能作泛泛的、抽象的、一般性的评价，对于企业管理者来说，无论是赞扬还是批评，都应用具体、客观的结果或事实来支持，使员工明白哪些地方做得好，差距和缺点在哪里，既有说服力又让员工明白主管对自己的关注。如果员工对绩效结果有不满或质疑的地方，向主管进行申辩和解释，也需要有具体客观的事实做依据，这样只有信息传递双方交流的是具体准确的事实，每一方所做出的选择对另一方才算是公平的，反馈才是有效的。

2. M：motivate互动原则

面谈是一种双向的沟通，为了获得对方的真实想法，应当鼓励员工多说话，充分表达自己的观点,因为思维习惯的定向性,管理者似乎常常处于发话、下指令的位置,员工被动地接受,有时管理者得到的信息不一定就是真实情况,下属表达时,不应被打断与压制,对员工好的建议应充分肯定,也要承认自己有待改进的地方,一同制定双方发展、改进的目标。

3. A:action基于工作原则

面谈中涉及的是到工作的一些事实表现,员工是怎么做的,采取了哪些行动与措施,效果如何,而不应该讨论员工的个人性格。员工的优点与不足都是在工作完成中体现出来的,性格特点本身并无优劣好坏之分,不应作为评估绩效的依据。对于关键性的影响绩效的性格特征,在指出时必须是出于真诚地对员工及其发展的考虑,且不应将它作为指责的焦点。

4. R:reason分析原因原则

面谈需要指出员工的不足之处,但不需要批评,而应立足于帮助员工改进不足,指出绩效未达成的原因。出于人的自卫心理,在反馈中面对批评,员工一般会马上做出抵抗反应,使得面谈无法深入下去。但主管如果从了解员工工作的实际情形和困难入手,分析绩效未达成的种种原因,并试图给予辅助、建议,员工是能接受主管的建议和批评的,反馈面谈也不会出现攻守相抗的困境。

5. T:trust相互信任原则

没有信任,就没有交流,缺乏信任的面谈会使双方都感到紧张、烦躁、不敢放开说话,充满冷漠敌意,要想制定好企业绩效考核方案,沟通必不可少,而反馈面谈是主管与员工双方的沟通过程,沟通要想顺利进行,达成理解和共识,就必须有一种彼此相互信任的氛围。管理人员应多倾听员工的想法与观点,尊重对方,向员工沟通清楚原则和事实,多站在员工角度,设身处地地为员工着想,勇于面向员工承认自己的错误与过失,努力赢取员工的理解与信任。

6.1.5　绩效反馈面谈的技巧

绩效反馈面谈的前期准备阶段,应尽可能全面地收集员工个人及他所从事工作的相关材料,包括工作进展情况、潜在的障碍和问题、可能的解决问题的措施,帮助员工实现改善的方案等,这些可以从诸如职位说明书、绩效考评表、年度计划以及他人的满意度评价中获取。此外,应让员工同时做好相应的准备,对自己的绩效表现进行比较中肯的自我评估,这样有利于双向沟通的有效开展。

反馈实施阶段,要充分注意沟通的技巧:以问题为导向,以找到问题的原因和解决问题的办法为目的；切忌以责任为导向，将重点放在追究对方的过错和责任上，这样容易让员工产生逆反和不服心理，不利于制订有效的绩效改进方案。要善于聆听，引导员工多说，站在员工的立场思考问题，了解员工对绩效管理的期望；切忌单方面地一味地发表和强调自己的看法和意见，互不让步甚至出现争执。当员工提出异议时要给予积极的回应，制定继续沟通的策略；切忌用职位和权威施加压力，譬如"考核结果是经过上级领导审核的，没有问题"的说法就并不可取。

反馈结束后，要持续观察员工的反应和绩效的改善情况，了解反馈的实际效果，以便及时地进行再次沟通。

6.2 实战训练

绩效反馈，就是将绩效评价的结果反馈给被评价对象，并对被评价对象的行为产生影响。绩效反馈是绩效评价工作的最后一环，也是最关键的一环。能否达到绩效评价的目的，取决于绩效反馈实施的效果。为确保绩效反馈达到预期效果，应注意绩效反馈的原则与方法、内容及策略、步骤及过程。

学生端登录实训系统，单击"绩效反馈"，该界面中包括方法与原则、内容及策略、步骤及过程和绩效反馈实例分析，如图6-1所示。

图6-1 绩效反馈

6.2.1 绩效反馈的方法

1. BEST反馈法

BEST反馈法在实际操作中按照四个步骤逐步推进。首先，具体地表述员工的行为，要求耐心、具体地描述员工的行为(所说及所做)，对事不对人，切记描述而不是判断。第二，描述这种行为带来的后果，要求客观、准确、不指责。第三，征求员工的看法，要求多倾听，从员工的角度看问题。然后，探讨下一步的做法，提出建议及这种建议的好处。最后，着眼未来，表达对员工的信任和期待。

学生端登录绩效管理专业技能实训系统，单击"方法与原则"，首先查看BEST法的相关内容，对BEST有一定的了解后，进行BEST法的实训。

BEST反馈法中，各字母的含义如下。

B指描述行为。案例中，财务部会计小张在做应收账款时屡次出错，主管应将此事实描述给小张听，在此过程中注意做到"描述而不判断"，即具体描述员工存在的不足时，应坚持对事不对人，描述而不作判断。不能因为员工的某点不足，就对员工做出诸如"做事不认真"之类的感性判断。所有的人都喜欢好的评价而不喜欢不好的评价，如果只对员工做负面的评价和判断，不管是有意的还是无意的，都会伤害员工的情绪。

E是指表达结果。案例中小张工作中出错导致销售部门的同事意见很大，主管将销售部门的看法传达给小张，在此过程中主管应注意做到"告知而不指责"。负面反馈的目的是帮助员工发现存在的问题，进而用行为的改善促进绩效的提升，而不是管理者借此发泄不满、打击下属。一般情况下，应避免指责员工，指责只能引起反抗和抵触。管理者只要客观、准确地告知员工，其行为所带来的后果，员工自然就会意识到问题所在，无需指责也能解决问题。

S是指征求看法。主管应就小张工作中出现的问题倾听小张的看法。在此过程中，主管应注意做到"从员工的角度"积极倾听及"共同商讨改善计划"

E是指着眼未来。在这部分主管可以表达对小张的信任和期待。

各步骤填写完成后，单击"立即提交"，如图6-2所示。

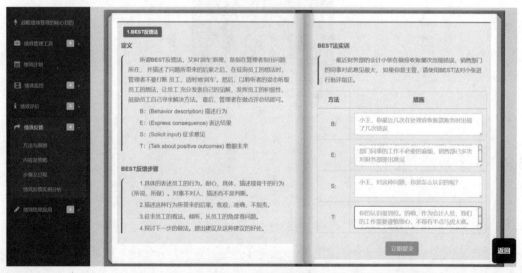

图6-2　BEST反馈法

之后单击"查看解析"按钮，即可查看教师解析，如图 6-3 所示。

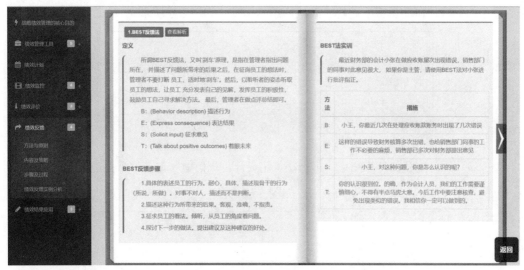

图6-3 BEST反馈法查看解析

2. 汉堡法

利用汉堡法，在进行绩效面谈的时候可按照以下三个步骤进行：

(1) 表扬特定的成就，给予真心的鼓励。

(2) 提出需要改进的"特定"的行为表现。

(3) 以肯定和支持结束。

汉堡的原理和作用在于提醒管理者，绩效面谈的作用是帮助员工改善绩效，而不是抓住员工的错误和不足不放，因此，表扬优点，指出不足，然后肯定和鼓励，才是最佳的面谈路线。

学生端登录绩效管理专业技能实训系统，单击"方法与原则"，学习汉堡法的相关内容，然后阅读案例，填写汉堡法的实训内容。

第一步，肯定员工做得好的方面，比如该会计平时工作很细心，有几次都及时发现了账务中的问题。在这个过程中需要注意肯定要真实而具体，不可泛泛而谈，如图 6-4 所示。

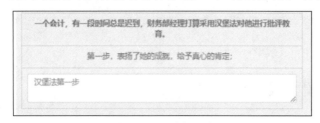

图6-4 汉堡法第一步

第二步，提出需要改进的特定的行为表现。这位会计在最近一段时间内经常迟到，这是其需要改进的行为，主管将此情况描述给员工。在这个过程中需要注意描述事实，而非感受。并倾听员工的解释，协助员工一起提出解决问题的措施，如图6-5所示。

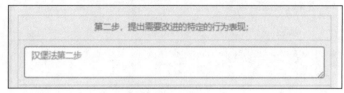

图6-5　汉堡法第二步

第三步，以肯定和支持来结束。再一次肯定会计，相信他一定能够严格遵守规章制度，改进自己的不足。表达应真诚并面向未来，如图6-6所示。

图6-6　汉堡法第三步

各步骤填写完成后，单击"立即提交"按钮，如图6-7所示。

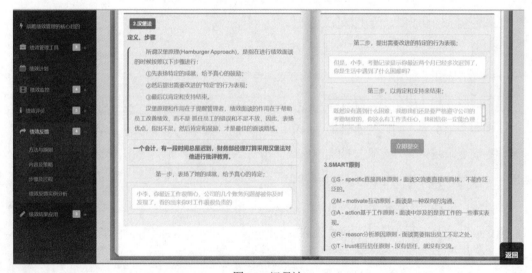

图6-7　汉堡法

6.2.2　绩效反馈面谈的策略

在绩效反馈面谈中，对于不同的绩效人群，主管可以选择不同的面谈策略，这往往有助于谈话取得良好的反馈效果。不同绩效人员的面谈策略可参照图6-8。

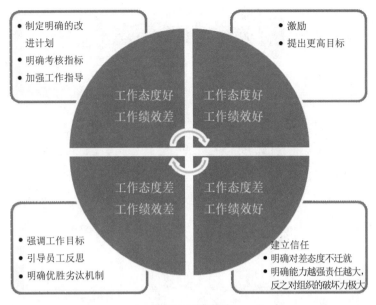

图6-8 面谈策略

学生端登录绩效管理专业技能实训系统，单击"内容及策略"，学习绩效反馈面谈策略的内容，如图6-9所示。

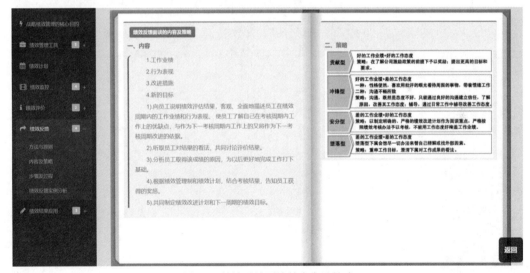

图6-9 绩效反馈面谈的内容及策略

根据提供的案例：销售部的小李，在上个季度的工作业绩十分突出，并且小李对待工作十分认真，为人热情，如果你是他的上级主管，在绩效面谈中会使用何种策略？本案例中，小李工作绩效和工作态度双优，属于贡献型员工，因此在面谈中应给予肯定和激励，并提出更高的目标，如图6-10所示。

图6-10 面谈策略选择1

根据提供的案例,可知销售部的另一名员工小赵在上个考核周期表现不理想,工作业绩不达标,胆小,对待工作认真负责,努力完成自己的本职工作,也是想方设法改善工作绩效,简要分析如果你是他的上级,你会选择何种方式与之面谈。本案例中,小赵工作业绩差,但是工作态度好,属于安分型员工,对此类员工在面谈时应该注重制订改进计划,明确考核指标,如图 6-11 所示。

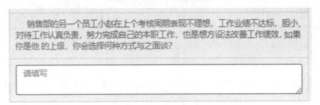

图6-11 面谈策略选择2

填写完成后,单击"立即提交",如图 6-12 所示。

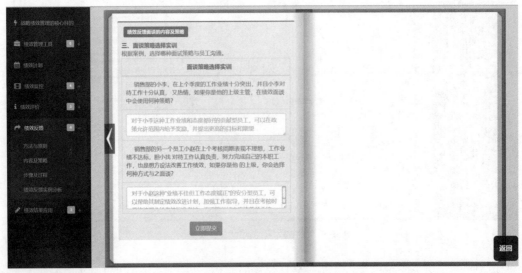

图6-12 面谈内容及策略

"立即提交"后,单击"查看解析"按钮,即可查看教师解析,如图 6-13 所示。

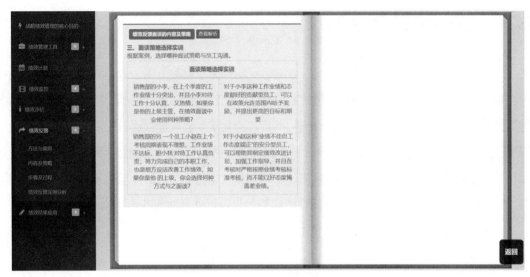

图6-13　面谈策略查看解析

6.2.3　绩效反馈面谈的步骤

绩效反馈面谈应遵循必要的步骤。首先,管理者和员工应在面谈前做好充分的准备,然后在此基础上按照开场→员工自评→上级评价→制订改进计划→讨论制定下阶段绩效目标→讨论计划及资源这几个步骤进行面谈。

学生端登录绩效管理专业技能实训系统,单击"步骤及过程",学习绩效反馈步骤及过程的相关内容,如图6-14所示。

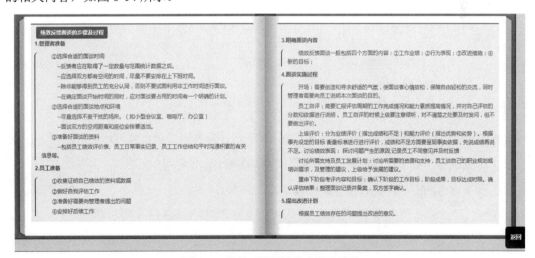

图6-14　绩效反馈面谈的步骤及过程

6.2.4　绩效反馈面谈实例分析

绩效反馈面谈的前期准备阶段，管理者应尽可能全面地收集员工个人及其所从事工作的相关材料，包括工作进展情况、潜在的障碍和问题、可能的解决问题的措施、帮助员工实现改善的方案等。同时，应让员工提前做好相应的准备，对其绩效表现进行比较中肯的自我评估。反馈实施阶段，要把握好沟通的节奏，同时要充分注意沟通的技巧：以问题为导向，要善于聆听，当员工提出异议时要给予积极的回应，切忌用职位和权威施加压力。反馈结束后，要持续观察员工的反应和绩效的改善情况，了解反馈的实际效果，以便及时进行再次沟通。

学生端登录绩效管理实训系统，单击"绩效反馈实例分析"，根据案例填写完成管理者准备的相关问题。

案例：公司人力资源部公告完成上一季度的绩效考核，绩效考核的内容主要是员工的工作业绩和日常行为表现，销售部的小李被通知要和部门主管进行一次绩效反馈的面谈。

1. 面谈前准备

1) 管理者准备

(1) 选择面谈时间(系统界面如图 6-15 所示)。选择面谈时间应考虑以下几点：

① 反馈者应在取得了一定数量与范围统计数据之后。
② 应选择双方都有空闲的时间，尽量不要安排在上下班时间。
③ 除非能够得到员工的充分认同，否则不要利用非工作时间进行面谈。
④ 在确定面谈开始时间的同时，应对面谈要占用的时间有一个明确的计划。

图6-15　管理者面谈时间选择

(2) 选择面谈地点和环境(系统界面如图 6-16 所示)。选择面谈地点和环境应考虑以下几点：

① 尽量选择不受干扰的场所(如小型会议室、咖啡厅、办公室)。
② 面谈双方的空间距离和座位安排要适当。

图6-16　管理者面谈地点选择

(3) 面谈之前准备所需的资料(系统界面如图 6-17 所示)。一般应包括员工绩效评价表、员工日常事实记录、员工工作总结和平时沟通积累的有关信息等。

图6-17　管理者准备面谈资料

2) 员工准备

(1) 员工准备好资料(系统界面如图 6-18 所示)。员工可收集能证明自己绩效的资料或数据。

图6-18　员工准备面谈资料

(2) 做好自我评估工作(系统界面如图 6-19 所示)。员工可以从工作业绩、工作态度、工作能力、自身需要提升的方面等进行自我评估。

图6-19　员工自我评估

(3) 准备好需要向管理者提出的问题。

(4) 安排好后续工作。

完成管理者准备和员工准备的训练项目后，单击"立即提交"，如图 6-20 所示。

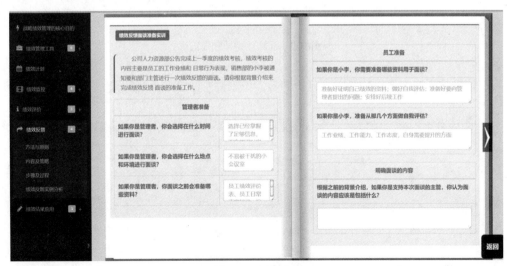

图6-20　面谈准备

2. 开场白设计

面谈开场时，管理者需要创造和寻求舒适的气氛，使面谈者心情放松，愿意自由轻松地交流，同时管理者需要向员工说明本次面谈的目的，如图 6-21 所示。

图6-21　面谈开场白设计

3. 改进计划的制订

改进是绩效管理的最终目的。绩效面谈后应针对绩效诊断的结果制订具体的改进计划。

案例：面谈结束后，小李了解到自身绩效存在的问题：一是老客户流失较为严重，二是对新客户的开发进度太慢。在接下来的工作中，小李要寻找改进措施改善他的绩效。请你为小李排忧解难，提出一个简要的改进计划，系统界面如图 6-22 所示。

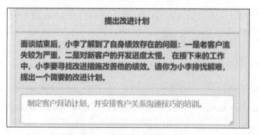

图6-22　面谈改进计划提出

4. 请根据系统大案例完成以下分析内容，见附件中的绩效反馈部分，然后分析以下问题

(1) 阅读案例，哪些做得好？将内容填入，系统界面如图 6-23 所示。(可以参考解析内容)

图6-23　绩效反馈

(2) 从案例中明显可以看出哪些做得不好？将内容填入。系统界面如图 6-24 所示。

图6-24 绩效反馈

(3) 针对做的不好的方面可以提出哪些改进建议？系统界面如图 6-25 所示。

图6-25 改进意见

完成以上实训项目，单击"提交"按钮，即可查看答案解析，如图 6-26 所示。

◆ 问题 6.绩效反馈实例分析

该绩效反馈面谈中有哪些地方比较到位，值得学习？
（1）安总准备了面谈可能用到的资料，并对面谈中可能会遇到的情况做了思考。
（2）明确了绩效反馈面谈的目的和内容。
（3）安总对陈部长，提出了一些绩效意见，但是也给予了表扬和鼓励，没有一味否定。

该绩效反馈面谈存在哪些问题？
（1）通知绩效反馈面谈不及时。
（2）反馈面谈时，两人座位不平等，拉开了距离。
（3）反馈面谈时，应给予下属更多表达自己意见的机会。

请提出你的改进意见。
（1）提前通知绩效反馈面谈，让面谈双方都有充分的准备
（2）开展反馈面谈时，要营造一个和谐的气氛
（3）鼓励员工积极参与面谈过程。

图6-26 绩效反馈实训解析

第 7 章 绩效评价结果应用

在绩效管理系统中，最后一个环节是绩效评价，其中，绩效结果是由绩效评价产生的，而绩效评价是一种沟通过程，能够让员工了解自己的绩效表现，并在绩效周期内根据绩效中的问题采取有效措施予以改进。最重要的是让绩效结果与绩效薪酬相联系，体现出绩效结果应发挥的行为引导水平，从而提升绩效水平。最后将绩效结果应用到人力资源的其他模块，做到与各模块紧密联系。

7.1 知识要点

结合实操系统，本章将对绩效改进、绩效薪酬及绩效评价结果在人力资源其他模块中的应用进行简要介绍，并重点将理论内容与系统相结合，以方便读者理解和应用。

7.1.1 绩效改进

这是绩效反馈面谈中的重要环节，实现的是系统化的过程，即将绩效评价结果进行重要应用，并达成重要沟通。通过对比现有的绩效状态，分析与理想绩效标杆之间存在的差距，从而有针对性地进行干预。最重要的是制订与实施计划，缩小绩效差距，从而提升个人、部门和组织绩效的水平。这种动态系统化的流程由绩效分析、绩效改进计划制订、绩效改进计划实施和绩效改进计划评价四个阶段构成。

7.1.2 绩效薪酬

为了使绩效评价发挥及时的引导行为作用，绩效评价要与绩效薪酬紧密相连。而绩效薪酬可以作为组织激励计划的一部分，这种有针对性的绩效薪酬体系突出体现了个人绩效对其收入水平的影响，能够直接发挥薪酬管理的作用，更能实现其他绩效管理的手段，进而实现绩效目标管理的作用。

1. 绩效薪酬的内涵

"科学管理之父"泰勒对绩效薪酬进行了定义，指的是将个人的收入与绩效水平挂钩的一种薪酬制度，是与绩效管理制度密切相关的薪酬体系。构建绩效薪酬方案是为了让员工的绩效与薪酬水平相关联，使员工明确个人利益与企业战略目标一致的重要性，从而推动企业战略目标的实现。

2. 绩效薪酬的特征

各类绩效薪酬方案具有不同的特征，但卓越的绩效薪酬制度又具有一些共性的特征。了解这些特征将帮助我们更好地整合各类绩效薪酬方案，形成适合本组织的绩效薪酬制度。这些特征由以下几个方面构成，分别是：与战略的一致性、与绩效的相关性、系统的完整性、制度的灵活性。

3. 绩效薪酬的优缺点

绩效薪酬在实际应用中所起的作用比较明显，具有突出的优点，如：在不增加企业固定成本的前提下实现对员工的鼓励，提高员工的工作积极性，对于高绩效者有明显的刺激作用。但也有一些不可忽视的缺点，如：鼓励竞争容易破坏员工之间的信任和团队精神，鼓励员工追求高绩效易忽视组织绩效，在行政事业单位由于绩效工资由单位领导发放，容易使单位领导的权力更大。

7.1.3 绩效结果在人力资源其他模块中的应用

作为人力资源管理系统的核心，绩效管理最直接的结果就是绩效结果，这一结果能否有效运用，决定整个绩效管理的成败。如果没有得到相应的应用，组织管理中就会不断出现各个环节脱节的情况。人力资源管理由六大模块组成，绩效管理与其他模块之间的联系相互衔接、彼此支撑，图 7-1 直观地展现了绩效管理与其他模块之间的应用关系。

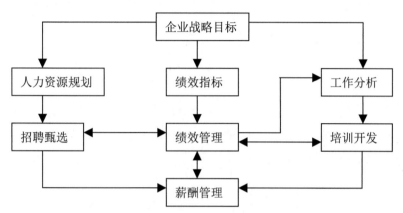

图7-1 绩效管理与人力资源其他模块的关系

1. 绩效管理与工作分析

工作分析与绩效管理的关系是相辅相成的，工作分析是绩效管理的基础性工作，绩效管理能够从不同角度对工作分析起到辅助性作用。首先，工作分析对工作岗位内容进行系统性分析，产生的直接结果就是岗位说明书和职务描述书，其目的就是确定"应该做的事"以及"做这些事的人"，从而说明岗位或职务的职责、权限和工作内容等信息。工作分析的结果是确定绩效管理的基础依据。反之，绩效管理衡量和考核的指标合理与否、饱和与否、恰当与否，也能印证"干什么考核什么"，并同时反映出工作分析的问题，进行一定的验证，从而实现及时的调整。

2. 绩效管理与人力资源规划

人力资源规划体现的是系统的管理战略，对企业人力资源管理进行规划、补充计划、制定招聘与配置计划或薪酬规划等，覆盖了企业人力资源管理的各个方面，特别是通过制定相应企业人事政策和制度实现对管理活动的重要影响。这种影响是持续的、长远的，绩效管理就是在这样的规划下进行基本管理工作，特别是对于员工的知识和技能水平进行基本评价。同时，绩效管理也为人力资源规划提供人员需求和供给的预测，并能够保证实际工作过程信息的有效性。

3. 绩效管理与招聘甄选

招聘甄选指利用各种人才测评手段进行人才聘用，采取的方法侧重于一些素质考核，比如企业价值观、工作态度、工作能力等，而绩效管理对于高绩效者和低绩效者会进行明显区别，指明哪些因素会直接影响绩效结果，哪些因素的影响效果不是非常显著，从而为招聘甄选提供可靠的依据。反过来，当一个部门的持续性绩效管理结果不理想，就可能存在人手不足，需要进行新员工招聘等工作。

4. 绩效管理与培训开发

对员工的培训开发所包含的项目、内容、目标及具体人员都是由绩效管理直接影响的，利用绩效评价的结果作为基本工作依据，从而结合企业战略和绩效目标进行行之有效的培训内容。特别要说明的是，培训是过程，开发才是最终目的，而培训与开发的转变结果就是员工的绩效考核成绩。这种包含一系列行为改变的培训开发，要求对参与者的绩效成绩进行不断对比，从而调整新的培训方案和内容。

5. 绩效管理与薪酬管理

薪酬体系设计遵循 3P 原则，即依据职位价值、绩效和任职者胜任力，这三个要素中，绩效是非常重要的因素。很多企业中，员工的薪酬体系构成中都是绩效工资占有重要位置。对于绩效管理来说，薪酬管理中的薪酬体系是绩效管理的结果性体现；对于薪酬管理来说，绩效管理中的绩效考核是过程性行为。两者相辅相成，体现了付出与回报的直接联系，并决定了"对外竞争性"和"对内公平性"的真正成效。

7.2 实战训练

如图 7-2 所示，"绩效结果应用"包括"绩效改进""绩效薪酬"和"在人力资源其他模块的应用"三个部分，实战训练依据系统各个模板的简介内容展开，学生在了解基本定义后，根据系统案例完成实训练习。

图7-2 绩效结果应用模块

7.2.1 绩效诊断

1. 绩效诊断问题分析

(1) 问题分析

在该部分,主要呈现的是诊断企业现在绩效后,对存在问题的总结和分析。根据案例,总结出该公司运用了哪种绩效考核方法,进行相应绩效考核后,发现员工有哪些问题,具体思考见实训操作指导步骤。

在对案例企业进行诊断前,要进行绩效分析,确保诊断的详细性和针对性。作为绩效改进流程的第一步,绩效分析的目的在于明确个人、部门和组织层面存在的绩效差距,找出导致差距存在的原因,并编制绩效分析报告。

(2) 分析绩效差距的原因

通过科学准确的绩效评价,将组织、部门和个人的绩效评价量表中的目标值与实际值进行对比,就可以得出组织、部门和个人三个层面的绩效差距。但由于组织资源有限,弥补绩效差距需要付出大量的人力、物力和财力,如果在很多方面都存在绩效差距,就需要对绩效改进要点进行取舍。就这个问题国内外有许多研究,比如塞莫·勒维就提出了一种二维的选择方法,如表 7-1 所示。要综合考虑每个拟选定项目所需的时间、精力和成本因素,选择用时较短、精力花费少及成本低的,也就是比较哪个项目更划算。此外,绩效差距与组织战略的相关程度、存在差距的部门在组织结构中所处位置的重要程度等都是确定绩效差距排序的重要因素。

表7-1 绩效改进二维选择法

绩效	不易改变	容易改变
亟须改进	将其列入长期改进计划,或者与绩效薪酬一同进行	最先做
不需要改进	暂时不列入改进计划	第二选择(有助于改进其他困难的绩效)

根据相关学者和一些理论著作的研究，分析绩效差距的方法和思路有很多，本文简单介绍以下两种：

第一种为四因素法。这种方法主要依据的是知识、技能、态度和环境四个方面，从而分析产生绩效不佳的具体原因。通过分析，从知识方面判断员工是否具有从事所承担工作的知识和经验；从技能方面判断员工是否具备运用相关知识和经验的技能；从态度方面判断员工是否有正确的职业态度和责任心；从环境方面判断的内容较多，例如激励机制条件下，组织的激励政策及与直接上级的关系是否影响了员工的积极性；资源配备条件下，是不是由于缺乏资源导致了最终的不良绩效；工作流程条件下组织的流程是否影响高绩效的实现；组织氛围条件下组织的人际关系、气氛等是否不利于完成绩效目标；外部障碍条件下是否存在影响绩效的外部不可控因素。

第二种为三因素法。三因素法提出要从三个方面着手分析绩效存在的问题，即员工个人、主管领导和工作环境三方面，如果绩效评估未能达到预期的水平，要从这三方面来考虑。

在员工个人方面，可能采取的行动本身是错误的，抑或是应该做的而没有去做。原因可能是主管的要求不明确、个人知识和技能不足、缺少动机等。

在主管领导方面，主管领导是否由于管理行为不当而产生负面影响，例如员工能力无法正常发挥或者潜力无法施展。在实际的工作过程中，通常会从两个方面分析主管领导的管理行为：一是主管做了不该做的事情，比如监督过严，施加不当的压力；二是主管没有做该做的事情，比如主管没有明确工作要求，缺乏对员工工作及时和有效的反馈，忽视员工的建议，采取非民主的管理方式，不能为员工提供教育和培训的机会，不鼓励员工尝试新方法和新技术等。

在工作环境方面，包括员工工作场所和工作气氛的因素。可能对绩效产生影响的方面有：工具或设备不良，原料短缺，工作条件不良(噪音、光线、空间和其他干扰等)，人际关系紧张，工作方法或设备的改变造成工作困难等。

以上两种分析思路各有各的特点，前者主要是从完成工作任务的主体来考虑，通过分析员工是否具备承担此项工作的能力和态度来分析产生绩效问题的原因，这种方法容易造成管理缺位，即把绩效问题产生的原因归结为员工主观方面的问题，而忽视了管理者在产生绩效问题方面的责任，不利于全面查找绩效问题的真正原因，同时也不易被员工接受；后者从更宏观的角度分析问题，较容易把握产生绩效问题的主要方面，并认识到管理者在其中的责任。

要想更加透彻、全面地分析绩效问题，应该根据以上分析的不同思路，在管理者和工作人员充分沟通和交流的前提下，对产生绩效不良的原因形成一致性的意见。结合系统案例，思考该公司采用哪种绩效考核方法，从而根据案例进行填写，如图7-3所示。

图7-3 绩效诊断问题分析

根据方法介绍并结合案例，通过绩效考核后，确定员工的问题，如图 7-4 所示。

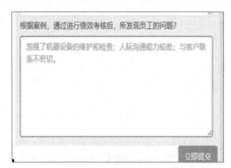

图7-4 绩效诊断员工存在问题

2. 绩效对比

在绩效分析后，要利用不同的方法呈现对比数据，即绩效对比。实操系统中介绍了标杆对比和目标对比两种方法，这两种方法在应用范围和效果上有一些区别及优缺点，具体如表 7-2 所示。

表7-2 绩效对比的两种方法比较分析

方法名称	区别	优点	缺点	应用
标杆对比法	可以归为相对评价法，属于员工之间的比较过程，是一种比较简单常用的绩效评价方法	较为灵活，应用广泛，最为方便	有一定的主观性，合理性容易遭到质疑，无法找出绩效差距的原因	部门或团队内对人员进行相互比较时采取该方法
目标对比法	可以归为绝对评价法，属于根据统一标准尺度进行衡量的过程，标准客观统一，可单独评价	客观统一，单独进行，有效运用，利于修正和改善员工工作	耗费大量的时间和精力，专业性强，需要系统培训	单独评价和重大管理决策时应用

标杆对比法是将考评期内员工的实际工作情况与同一级别的优秀员工的工作进行对比，衡量和比较其与优秀员工的差距的方法。这种方法实质就是模仿和创新，是一个有目的、有目标的学习过程。重点在于标杆对象的选择及学习借鉴的过程。了解杠杆对比法结合案例填写内容，如图 7-5 所示为解析内容。

图7-5　标杆对比法系统分析

根据实训系统案例，最终输入企业数据，形成标杆对比法系统分析的具体内容，如表 7-3 和表 7-4 所示。

表7-3　标杆对比法实例——标杆员工数据

标杆员工					
姓名	胡森	性别	男	年龄	35
直接上属	安营		职务	生产部副总经理	
杰出的绩效	设备完好率95%以上				
	避免了安全事故2起				
	烟机同步运行率95%				
	产品抽查合格率95%以上				
	在《石化设备》和《长岭科技》上发表3篇设备腐蚀相关的论文				

表7-4　标杆对比法实例——被考核员工数据

被考核员工					
姓名	陈非	性别	男	年龄	30
直接上属	安营		职务	生产部副总经理	
工作详情	设备完好率98%				
	避免了安全事故2起				
	烟机同步运行率87%				
	产品抽查合格率93%				
	对设备腐蚀知识不了解				

目标对比体现的重要内容是实现一种对比，即将考核期内员工的实际工作表现与期初设计的绩效计划目标进行比较分析，从而发现工作绩效的差距和不足。这种方法采取的是绝对比较方式，使用"绝对标准"的目标，专业性较强。利用目标对比法结合案例填写内容，如图7-6所示为解析内容。

图7-6　目标对比法系统分析

根据实训系统案例，最终输入企业数据，会形成目标对比法系统分析，如表7-5所示。

表7-5　目标对比法实例

被考核员工					
姓名	陈非	性别	男	年龄	30
直接上属	安营		职务	生产部副总经理	
杰出的绩效			实际完成		
设备完好率95%以上			设备完好率98%		
避免安全事故至少1起			避免了安全事故2起		
烟机同步运行率95%			烟机同步运行率87%		
产品抽查合格率95%以上			产品抽查合格率93%		
了解设备腐蚀知识			对设备腐蚀知识不了解		

3. 分析绩效诊断存在问题的原因

在利用各种方法进行绩效分析后，要总结造成员工工作不良的原因，填写不良绩效的原因内容，特别是要详细描述不良绩效，如图7-7所示。

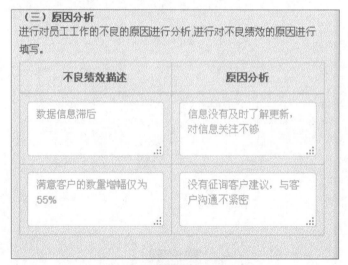

图7-7　绩效原因分析系统内容

根据实训系统案例，最终输入企业数据，形成标杆对比法系统分析，具体内容如表7-6所示。

表7-6 绩效原因分析实例

不良绩效描述	原因分析
与其他部门联系少	缺少与其他部门沟通的意识
烟机同步运行率低	对设备维护检查重视不够，对如设备腐蚀这类的新知识了解不足
产品抽查合格率不达标	没有按需安排员工培训，员工生产质量没有提高

4. 绩效改进计划

在完成系统的绩效分析之后，就要开始选择设计和开发能针对绩效差距根本原因的、缩小或消除绩效差距的方案，这些方案的组合就是绩效改进计划。绩效改进计划的成功与否和改进措施的选择有直接关系。

(1) 选择改进措施

经过绩效分析环节，明确了绩效差距，选择了绩效改进点，并对影响绩效的因素有了比较清晰的认识后，就要考虑制定改进绩效的措施。为了保证改进措施的有效性，一般可选择的标准是：能否实现"对症下药"，衡量成本的高低。对于企业管理来讲，员工改进绩效的有效行动包括以下内容：向有经验的同事学习，进行实地观摩，找出差距予以改进；积极参加企业组织的培训，包括相关领域的学术研讨会；对某一工作项目进行有针对性的训练；继续教育学习，提升知识技能。而对于改进企业里主管领导的绩效的有效行动包括以下内容：参加高晋升机制的绩效培训，向有经验的管理者学习请教，及时与人力资源管理专家咨询沟通。除此之外，还应该适当实现部门内人员的沟通交流，从改善人际关系入手提升工作绩效和工作环境。

(2) 制订绩效改进计划

绩效改进计划是关于改善现有绩效水平的计划，从工作实际角度来看，制订绩效改进计划就是为了规划该改进什么内容，改进工作由谁具体执行，什么时间开始改进以及如何实行。如果以员工个人层面作为绩效改进计划举例，主要内容如下：员工个人基本情况数据，员工上级的基本情况数据，实施该项绩效改进计划的制订时间和实施时间；结合上一周期绩效评价结果和反馈情况，汇总和确定应该进行改进的具体方面；确定改进的原因，并要对此进行详细解释和说明；罗列现有的绩效水平和经过绩效改进后要达到的绩效目标，尽可能地将目标实现量化赋分。

根据不同的问题原因，在相应的项目栏下，填写改进的需求，如表 7-7 所示。具体改进计划包括四个内容，即个人素质、心理条件、企业外部因素和企业内部因素。其中，个人素质可以包括员工基本的信息数据,例如性别、年龄、学历、能力和经验等;心理条件按照员工稳定的心理个性特征进行界定,例如态度、性格、兴趣、价值观、人生观和世界观等;企业外部因素一般都是从外部环境入手,例如产品资源、竞争市场、客户体验、竞争对手及机遇挑战等;同样,企业内部因素就是从内部环境入手,例如组织资源、企业文化、管理制度和福利等。

表7-7 绩效改进计划

说明:本绩效改进计划可以在正式绩效面谈中使用,也可以运用于计划执行中。

部门/处			时间	年 月 日	
被考核人	姓名:		职位:		
直接上级	姓名:		职位:		
不良绩效描述					
(含业绩、行为表现和能力目标,请用数量、质量、时间、成本/费用、顾客满意度等标准进行描述)					
原因分析:					
绩效改进措施/计划:					
直接上级:		被考核人:		年 月 日	
改进措施/计划实施记录					
直接上级:		被考核人:		年 月 日	
期末评价:					
□优秀:出色完成改进计划　　□符合要求:完成改进计划　　□尚待改进:与计划目标相比有差距					
评价说明:					
直接上级:		被考核人:		年 月 日	
期末签字:		被考核人直接上级	HR	专员备注:无	

根据实训系统案例,最终输入企业数据,形成标杆对比法系统分析内容,具体内容如表7-8所示。

表7-8 员工绩效改进计划表实例

员工绩效改进计划表				
改进人	陈非	性别	男	
直属上级	安营	年龄	30	
制订时间	2016年12月30日	职务	生产部副总经理	

(续表)

不良绩效描述：与其他部门缺乏联系；烟机同步运行率低；产品抽查合格率不达标	
原因分析：缺少与其他部门沟通的意识；对设备维护检查重视不够，对如设备腐蚀这类的新知识了解不足；没有按需安排员工培训，员工生产质量没有提高	
个人绩效改进需求：对设备管理知识进行培训	
个人绩效改进计划： 1、日常重视设备的检查和维护；用自主学习和培训相结合的方式学习设备管理知识 2、加强与公司其他单位和职能部门之间的联系和沟通	
考核人：安营	被考核人：陈非

对问题的改进措施应当尽量具体并富有针对性。除了确定每个改进项目的内容和实现手段外，还需要确定每个改进项目的具体责任人和预期需要时间，有时还可以说明需要的帮助和资源。比如，就某一方面进行培训，应当列出培训的形式、内容、时间、责任人等。对特殊的问题，还应提出分阶段的改进意见，使员工逐步改进绩效。

绩效改进计划应当是在管理者和员工充分沟通的基础上制订的，如图 7-8 所示。单纯按照管理者的想法制订绩效改进计划，可能会使改进项目脱离实际，因为管理者并不一定很确切地知道每个员工的具体问题，管理者认为应该改进的地方可能并不是员工真正需要改进的地方。另一个极端是单纯按照员工个人的想法着手制订计划，虽然让员工制订绩效改进计划可以激发其积极性，但是员工有可能避重就轻，漏掉重要的项目。只有管理者和员工就这一问题进行充分的探讨，才能有效地实现绩效改进的目的。

图7-8　绩效改进计划

7.2.2 绩效薪酬

按照绩效薪酬的不同构成及激励作用,将绩效薪酬分为三个类型,即绩效工资、绩效调薪和长期激励计划,如图 7-9 所示,以下进行简单介绍。

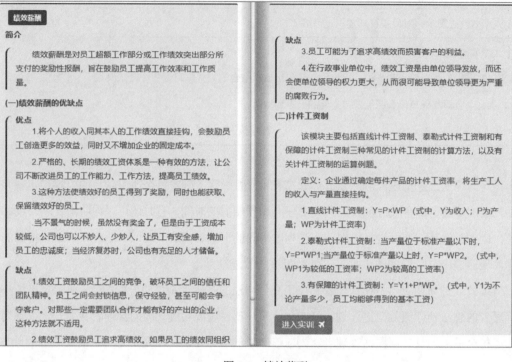

图 7-9 绩效薪酬

1. 绩效工资

绩效工资实行的是"以绩取酬"的理论基础,就是以员工现有的有效绩效考核为依据,将工资与考核结果相结合的薪酬制度。企业调整绩效工资,能够激励员工的实际工作行为,并且通过绩效优秀者和绩效不及格者的对比,促使员工更好地发挥工作效率,与企业要求不断相符,从而提升员工的工作积极性,努力实现企业目标。

绩效工资的增长一般取决于通过员工绩效评价等级决定的绩效评价系数和职位等级决定的计算基数(一般体现为基本工资)。计算公式:员工本期应得绩效工资额=基本工资额×员工个人绩效评价系数(绩效评价系数可查表获得),具体算法见例题。

例题：某企业部分员工 2016 年第一季度绩效考核结果和基本工资情况如表 7-9 和表 7-10 所示，计算这几位员工的绩效工资。

表7-9 绩效评价系数

绩效评价等级	S	A	B	C	D
绩效评价等级系数	2	1.5	1	0.5	0.2

表7-10 绩效评价计算内容

员工姓名	甲	乙	丙	丁	戊
绩效评价等级	A	S	S	C	B
基本工资	1200	1500	800	1000	1200
绩效工资	1200×1.5=1800(元)	1500×2=3000(元)	800×2=1600(元)	1000×0.5=500(元)	1200×1=1200(元)

在实训系统中，单击右侧箭头可翻页，阅读绩效工资相关定义简介后，单击"进入实训"则可进入绩效工资实训练习。填写完成后单击"立即提交"完成提交，如图 7-10 所示。

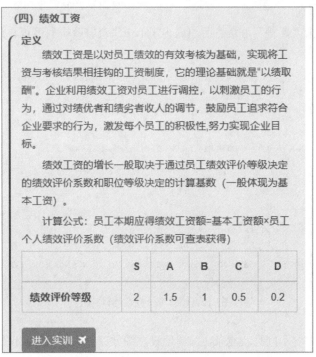

图7-10 绩效工资界面

其中，系统中列举了绩效评价等级，具体应用可见上述例题，将评价等级与基本工资进行相应计算，最后可以得出绩效工资结果，填入系统中，如图 7-11 所示。

图7-11　绩效工资例题计算

提交完成后单击"查看"可查看所填内容，单击"查看解析"可查看绩效工资结果实训解析，如图 7-12 所示。

图7-12　绩效工资例题计算解析

由于工作岗位内容不同且较复杂，简单地设立绩效评价系数不能实现针对性，还可将绩效工资具体分为计件工资制及标准工时制。

1) 计件工资制

主要包括直线计件工资制、泰勒式计件工资制和有保障的计件工资制三种常见的计件工资的计算方法。计件工资制体现的是企业通过确定每件产品的计件工资率，将生产工人的收入与产量直接挂钩，实现绩效的激励性。

(1) 直线计件工资制：$Y=P \times WP$ (式中，Y 为收入；P 为产量；WP 为计件工资率)。

(2) 泰勒式计件工资制：当产量位于标准产量以下时，$Y=P \times WP_1$；当产量位于标准产量以上时，$Y=P \times WP_2$。(式中，WP_1 为较低的工资率；WP_2 为较高的工资率)。

(3) 有保障的计件工资制：$Y=Y_1+P \times WP$。(式中，Y_1 为不论产量多少，员工均能够得到的基本工资)。

在实训系统中，单击系统页面中的"绩效改进"按钮，可进入相应界面，阅读相关定义简介后，单击"进入实训"，则可进入计件工资制实训练习。填写完成后单击"立即提交"按钮完成提交，如图 7-13 所示。

图7-13　绩效薪酬—计件工资制

提交完成后单击"查看"可查看所填内容，单击"查看解析"可查看该实训的解析内容，如图 7-14 所示。

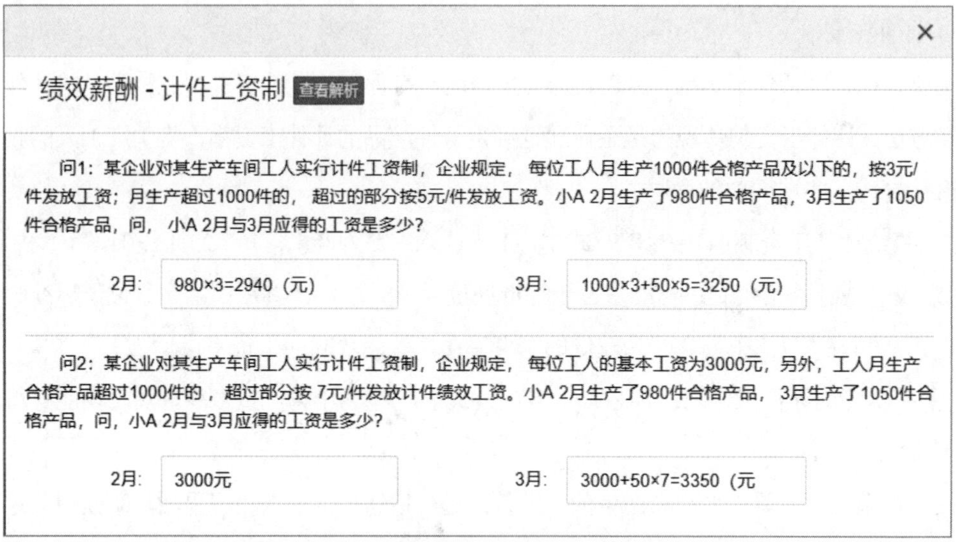

图7-14 绩效薪酬—计件工资制解析

2) 标准工时制

标准工时制是依据工人实际生产效率高于标准水平的百分比，付给工人同等比例的奖金，即收入=日标准工资×(实际每小时产量÷日标准产量)。

如系统例题：某工人所在职位的基本工资是每小时 8 元，该职位的产量标准是每小时生产 10 件产品。如果该工人一天(8 小时)生产了 100 件产品，求该工人当天的收入是多少。100÷8=12.5 件/小时；8×8×(12.5÷10)= 80 元/天。在实训系统页面中具体填入及呈现的结果如图 7-15 所示。

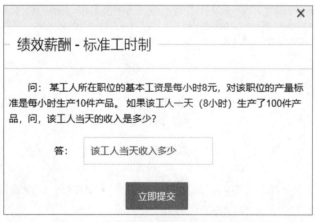

图7-15 绩效薪酬—标准工时制例题计算

提交完成后单击"查看"可查看所填内容,单击"查看解析"可查看该实训解析,如图 7-16 所示。

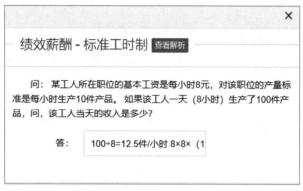

图7-16 绩效薪酬-标准工时制例题解析

2. 绩效调薪

绩效调薪是指根据员工的绩效考核结果对其基本薪酬进行调整,绩效考核结果越高,调薪的比例也就越高。调薪一般采用矩阵法进行计算,具体步骤如下:

(1) 确定绩效加薪的预算。

(2) 汇总员工绩效评估结果,统计员工分布在各绩效等级中的百分比例(所有比例相加为100%),如表 7-11 所示。

表7-11 绩效评估等级百分比

	优秀	良好	合格	不合格
绩效评价等级	A	B	C	D
绩效等级比例	20%	40%	30%	10%

(3) 根据公司员工薪酬分布在企业薪酬体系取值范围的百分比,以薪资的最高值和最低值为区间,薪资对比率低于 25%的为下分位,薪资对比率为 26%~50%的为中分位,薪资对比率为 51%~75%的为高分位,薪资对比率超过 76%的为上分位,如表 7-12 所示。

表7-12 薪酬体系取值范围的百分比

薪酬等级	上分位	高分位	中分位	下分位
分布比例	超过 76%	51%~75%	26%~50%	低于 25%

(4) 把员工绩效等级的分布比例乘以员工薪资对比率的分布比例,确定绩效矩阵图中每个单元格的员工百分比,形成员工分布比例表,如表 7-13 所示。

表7-13 员工分布比例表

薪酬水平	绩效等级			
	A	B	C	D
上分位	A1	B1	C1	D1
高分位	A2	B2	C2	D2
中分位	A3	B3	C3	D3
下分位	A4	B4	C4	D4

(其中 A1 表示企业中有 A1 %的人员,他们的绩效等级为 A 并且薪资对比率处于上分位。)

(5) 拟确定绩效加薪的加薪幅度,形成加薪幅度表,如表 7-14 所示。

表7-14 员工加薪幅度表

薪酬水平	绩效等级			
	A	B	C	D
上分位	5%	3%	0%	0%
高分位	7%	5%	0%	0%
中分位	10%	7%	4%	0%
下分位	12%	9%	6%	0%

(6) 以绩效和相对薪酬水平为基础的员工分布比例乘以拟定的加薪幅度,确定绩效加薪表的加薪水平,形成绩效加薪水平表。

(7) 将上一步算出的加薪水平乘以企业加薪总预算,就可以算出绩效调薪金额。注意:各加薪水平相加不应高于公司的加薪预算率。

实训系统中,根据所给案例,将以上对于薪酬调薪的操作步骤一一汇总计算后,形成以下填写页面,具体如图 7-17 所示。

第 7 章 绩效评价结果应用

图7-17 绩效薪酬—绩效调薪页面

提交完成后单击"查看"可查看所填内容,单击"查看解析"可查看该实训解析,如图7-18所示,确定最后预算额为50万元。

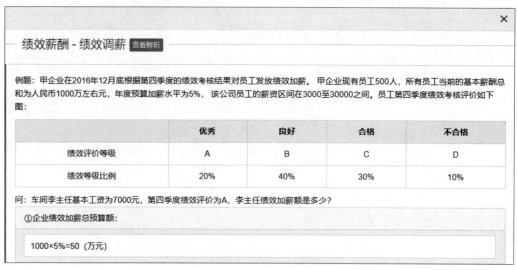

图7-18 绩效薪酬—绩效调薪

3. 长期激励计划——利润分享计划

为了鼓励员工积极参与企业管理,一般都会采取利润分享计划实现长期激励,这种分享计划体现了企业员工的主人翁精神,能够根据员工所在岗位的价值、潜在贡献价值和历史贡献价值额外给予员工一部分公司利润,体现了整体激励的发展原则。对于利润的分配,通常需要把握3个维度,即总利润分配、个人利润分配,以及利润分享的形式。

(1) 总利润分配

总利润分配可采用固定比例法(即固定比例提取利润,操作简便但难以制定合理的比例)、分段比例法(分段提取利润,有效激励员工但人工成本较高)和获利界限法(在最低标准基础上提取利润,合理控制人工成本但操作复杂)。

(2) 个人利润分配

在目前企业管理过程中,个人利润分配分为三种方法,分别是岗位贡献法、个人贡献法和综合法。其中,岗位贡献法选取的岗位是根据系统的测定参与利润分享的,要在企业整体结构中有价值的体现。但主要以岗位贡献作为衡量标准,忽视个人贡献。个人贡献法与岗位贡献法正好相反,是系统测定参与利润分享的个人对企业的历史贡献、未来潜在贡献,主要是体现个人可吸纳但又难以实现岗位贡献的要素。综合法是将两种方法进行结合,实现了根据企业现实情况赋予不同权重综合决定利润分享额度。

(3) 利润分享的形式

在目前企业管理过程中,利润有两种分享类型,一种是以现金形式直接进行下发;另外一种是延期分享,即先将所得额存入相应账户,在一定时期后再进行下发。前者为短期激励,后者为长期激励。

第 8 章 绩效管理综合实训

本章以具体的案例为背景，以基于绩效管理专业技能实训为教学平台，以企业绩效管理的总流程为引导，借鉴人力资源管理沙盘的设计理念与经营原则，对企业绩效管理活动进行综合训练。实训中将学生分为若干小组，每组代表一个公司绩效主管，每个公司的初始状态相同，基于相同的经营背景，遵循相同的经营规则，自行开展绩效管理工作。系统根据事先设计的评价指标在每一年结束后对各公司的绩效管理成效进行综合评价并排名。

8.1 实训背景

8.1.1 行业介绍

家具是建立工作生活空间的重要基础，是一种耐用消费品，是我们生活中必不可少的物品。随着人们收入的提升，生活水平的不断改善，越来越多的人开始关注家具行业。从之前重视产品质量到重视产品服务，再到现在逐渐延伸到对产品设计感的需求。可见，家具消费者的需求随着时代在不断地发展创新。如今的家具门类繁多、用料各异、品种齐全、用途不一，极大程度地满足了各类消费者的需求。

我国家具行业经过近 20 年的快速发展已形成了一定的产业规模，市场上各类家具品牌层出不穷。随着国内家具产业从单纯依靠成本竞争向提升服务水平、提高产品科技含量和产品附加值转变，各公司的竞争日趋激烈。

未来，我国家具行业将如何发展？随着互联网科技不断成熟，人工智能、共享经济、新零售开始进入家具行业，行业变革势不可挡。智能家具、定制家具等在未来都是一个新的发展趋势。智能家具市场虽还未成熟，但消费者对于智能家具抱有很大的期待；定制家具凭借对家居空间的高效利用、能充分体现消费者的个性化消费需要、现代感强等特点，未来成长空间仍很巨大。

8.1.2　公司简介

好家家具有限公司是一家以专业研发、生产和销售为一体的家具企业，产品主要涉及实木茶几、实木橱柜、实木沙发、实木酒架等，产品远销日本、澳大利亚、欧洲的一些国家。公司成立于 2006 年，成立初期为了明确企业的战略目标，让员工有明确的工作方向，好家家具有限公司提出"企业要做好绩效管理"的思想。随着公司的不断成长与壮大，为了完善、优化公司绩效管理政策与制度，优化公司绩效管理工具和流程，推动公司及各业务绩效管理的有效落地，能给业务部门的绩效管理的实际问题提供专业支持，公司成立绩效专家小组。

1. 企业战略

何为企业战略？一个好的战略能够引导公司的发展方向，决定企业在市场上的位置，甚至关系到企业的生死存亡。好家家具有限公司在成立初期制定了公司的短期战略目标和长期战略目标。在短短 12 年间，公司虽然经历了发展(3 年)、成长(3 年)、成熟(3 年)、低迷(3 年)等阶段，但是依旧在市场上占据着重要位置。

2. 人员组织结构

成立初期，公司设立了 1 名总经理，总经理把控公司方针和战略方向，在总经理下设人事部、财务部、销售部、生产部、研发部。初始人员安排与组织结构情况如图 8-1 所示。

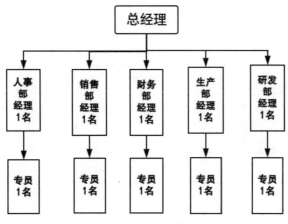

图8-1　人员与组织结构

3. 员工能力

好家家具有限公司十分看重员工能力，公司在引进人才时就秉持严格要求的原则，重点关注人员的人事管理能力、生产能力、研发能力、销售能力、财务管理能力、团队协作能力、创新能力、工作态度这八个方面，在平时工作中，也会重点考核员工的这几项能力。

(1) 人事管理能力：指人事岗位的员工所拥有的专业技能和知识能力。

(2) 生产能力：指生产岗位的员工所拥有的专业技能和知识能力。

(3) 研发能力：指研发岗位的员工所拥有的专业技能和知识能力。

(4) 销售能力：指销售岗位的员工所拥有的专业技能和知识能力。

(5) 财务管理能力：指财务岗位的员工所拥有的专业技能和知识能力。

(6) 工作态度：指员工对工作所持有的评价与行为倾向，包括工作的认真度、责任度、努力程度等，是每一个公司成员都应具备的态度。

(7) 团队协作能力：指在团队中发挥团队精神、互帮互助，以达到团队最大工作效率的能力，是公司每一位成员都应具备的能力。

(8) 创新能力：指技术和各种实践活动领域中不断提供具有经济价值、社会价值、生态价值的新思想、新理论、新方法和新发明的能力，是公司每一位成员都应具备的能力。

4. 员工薪酬

公司薪酬等级共分为19级，其中，员工级有9个等级，从2500元到4100元，每个等级之间相差200元；经理级有7个等级，从4500元到7500元，每个等级之间相差500元；总经理有3个等级，从9400元到11400元，每个等级之间相差1000元。公司成立初期，人员薪资表如表 8-1 所示。

表8-1 人员薪资表

薪资/元	总经理	人事部	财务部	销售部	生产部	研发部
经理	9400	5000	5500	7000	6500	6500
专员		2700	3100	3300	2500	3700

5. 公司效益

公司的资金收入主要是由在职员工为公司创造的效益转化而来的，每个员工都能为公司的发展做出贡献，不同岗位的员工会给企业带来不同的效益，不同能力的员工也会给企业带来不同的效益。

8.1.3 绩效管理工具

1. 绩效考核方法

平衡计分卡(BSC)：平衡计分卡是从财务、客户、内部运营、学习与成长四个角度，将组织的战略落实为可操作的衡量指标和目标值的一种新型绩效管理体系。

关键绩效指标法：关键绩效指标是从对个人、部门或组织的关键成果领域中提取出来的主要工作目标，是把企业的战略目标分解为可操作的工作目标的工具，是企业绩效管理的基础。

目标管理法：目标管理法是指在企业个体职工的积极参与下，自上而下地确定工作目标，并在工作中实行"自我控制"，自下而上地保证目标实现的一种管理办法。

360 度绩效考核法：又称为全方位考核法，是常见的绩效考核方法之一。该方法通过员工自己、上司、下属、顾客等对考评者进行多角度、全方位的考核。

配对比较法：配对比较法是将所有要进行评价的对象列在一起，两两配对比较，价值较高者可得 1 分，最后将各项所得分数相加。

强制分布法：强制分布法是根据正态分布原理，先确定好各等级在被评价员工总数所在的比例，然后根据绩效考核结果，将被评价者强制列入一定的等级。

行为锚定等级考核法：行为锚定等级评价法是关键事件法的进一步拓展和应用。它将关键事件和等级评价有效结合在一起，通过一张行为等级评价表来表现。

行为观察量表法：又称行为观察比较法，是指对各项评估指标给出一系列有关的有效行为，将观察到的员工的每一项工作行为与评价标准比较进行评分。

关键事件法：关键事件法是指确定关键的工作任务以获得工作上的成功。关键事件是使工作成功或失败的行为特征或事件(如成功与失败、盈利与亏损、高效与低产等)。

2. 绩效改进方法

卓越绩效模式：该模式以顾客为导向，追求卓越绩效管理理念，包括领导、战略、顾客和市场、测量分析改进、人力资源、过程管理、经营结果等七个方面。

六西格玛管理：六西格玛管理是通过设计和监控过程，将可能的失误减少到最低限度，从而使企业可以做到质量与效率最高，成本最低，过程的周期最短，利润最大，全方位地使顾客满意。

标杆超越法：标杆超越，是指通过寻找有助于本公司战略实现的其他优秀公司或公司内部优秀实践作为标杆，然后将本公司的实际情况与这些标杆进行评价和比较，从而制定出超过标杆的最优方法。

ISO 质量管理体系：ISO 质量管理体系的目的是在市场环境中保证公正，从而弥补质量体系缺点，消除产品后服务的不符合性。

3. 绩效反馈面谈方法

BEST 法：所谓 BEST 反馈法，又叫"刹车"原理，是指在管理者指出问题所在，并描述问题所带来的后果之后，在征询员工的想法时，管理者不打断员工，适时地"刹车"。然后，以聆听者的姿态，听取员工的想法，让员工充分发表自己的见解，以发挥其积极性，鼓励员工自己寻求解决办法。最后，管理者再做点评总结。

汉堡法：汉堡法是指在进行绩效面谈的时候按照以下步骤进行：先表扬特定的成就，给予真心的鼓励；然后提出需要改进的"特定"的行为表现；最后以肯定和支持结束。

单向劝导式面谈法：它是通过剖析员工现实工作行为和表现，说明哪些行为是正确的、有效的，哪些行为是错误的、无效的，根据工作说明书，尽可能说服下属，让他们接受并提出新的、更高的工作目标，不断提升其绩效水平。

双向倾听式面谈法：使用这种方法时，上级主管应具有与员工沟通的能力，要求主管能够认真倾听员工的不同意见，对员工的陈述或过激的言论不予反驳，不置可否，以缓解员工的抵触情绪。采用这种方式，可以在员工受到挫折时，缓解或消除员工的不良情绪。

综合式面谈法：所谓综合式绩效面谈，是指在面谈中采取灵活变通的方式，从一种面谈形式转换过渡到另一种面谈形式。

解决问题式面谈法：使用该种面谈方式时，应创造一种活跃的、开诚布公的、能够进行有效交流的环境和氛围，主管应倾听员工的陈述，对员工的感受做出正确的回应，并针对上次面谈以来员工所遇到的困难、需求、工作满意度等各种问题，逐一进行剖析，以达成共识，从而促进员工的成长和发展。

8.1.4 公司绩效管理任务

绩效，从管理学的角度看，是组织期望的结果，是组织为实现其目标而展现在不同层面上的有效输出，它包括组织绩效和个人绩效两个方面。制订绩效计划通常有三个阶段：绩效计划的准备阶段、绩效计划的沟通阶段以及绩效计划的审核和确定阶段。值得注意的是，为了保证公司发展目标的实现，确保绩效计划正确开展，在制订绩效计划前，公司应遵守绩效计划制订的原则以及确定绩效计划制订的依据。

好家家具有限公司十分关注公司的绩效管理，尤其是公司每年的绩效增长率。公司会根据每年的绩效增长率制定下一年的公司绩效目标。再按一定的逻辑关系把公司的绩效目标层层分解到每个部门乃至每个员工的手上。请大家思考以下问题。

(1) 如果你是公司的高层管理人员，当公司分别处于初创期、成长期、成熟期、衰退期这些阶段的时候，你会如何制定公司的发展目标或绩效管理战略？

(2) 如果你是公司的绩效主管，在公司初创期你将如何制订公司的绩效计划？当公司处于初创期、成长期、成熟期、衰退期等阶段的时候，你又如何制订公司的绩效计划？请你为不同时期的公司制订合理的绩效计划。

8.2 实训规则

8.2.1 公司初始状态

1. 财务状态

公司初始资金 100 万元。

2. 运营时间

公司运营时间分为 4 个大周期，分别为初创期、成长期、成熟期、衰退期，公司运营的最小时间单位为年。建议每一个周期运行两年，如表 8-2 所示。

表8-2 运营时间表

初创期		成长期		成熟期		衰退期	
第一年	第二年	第三年	第四年	第五年	第六年	第七年	第八年

3. 公司部门的设置

公司设立六个部门，分别为总经理、人事部、财务部、销售部、生产部和研发部，每个部门分别设立 2 类岗位：经理和专员，如表 8-3 所示。

表8-3 初始人员表

	总经理	人事部	财务部	销售部	生产部	研发部
经理	1	1	1	1	1	1
专员		1	1	1	1	1

4. 人员初始能力

所有人员皆具有 8 种能力，包括工作能力(人事管理能力、生产能力、研发能力、销售能力、财务管理能力)、团队协作能力、创新能力、工作态度。每个人的能力值都不同。在实训中，绩效管理只影响每个员工所在岗位对应的专业能力，总经理的所有能力都有影响，如表 8-4 所示。

表8-4 初始人员能力表

		人事管理能力	生产能力	研发能力	销售能力	财务管理能力	团队协作能力	创新能力	工作态度
	总经理	90	71	74	94	84	91	84	90
人事部	人事经理	83	35	55	38	44	69	69	60
	人事专员	80	34	40	47	39	79	60	60

(续表)

		人事管理能力	生产能力	研发能力	销售能力	财务管理能力	团队协作能力	创新能力	工作态度
财务部	财务经理	45	54	34	30	81	74	80	60
	财务专员	39	55	50	36	88	86	60	79
销售部	销售经理	34	43	50	91	58	61	71	84
	销售专员	41	44	45	78	40	66	77	60
生产部	生产经理	38	83	57	53	44	63	80	60
	生产专员	60	75	41	55	36	74	60	60
研发部	研发经理	59	56	99	43	35	66	95	77
	研发专员	52	30	78	40	45	74	60	60

5. 公司薪酬等级

本公司岗位薪酬等级见表8-5所示。

表8-5　公司薪酬等级表

	等级	总计
总经理级	19	11400
	18	10400
	17	9400
经理级	16	7500
	15	7000
	14	6500
	13	6000
	12	5500
	11	5000
	10	4500

(续表)

	等级	总计
员工级	9	4100
	8	3900
	7	3700
	6	3500
	5	3300
	4	3100
	3	2900
	2	2700
	1	2500

6. 员工薪酬

员工薪酬见表 8-6 所示。

表8-6　人员薪资表

薪资/元	总经理	人事部	财务部	销售部	生产部	研发部
经理	9400	5000	5500	7000	6500	6500
专员		2700	3100	3300	2500	3700

8.2.2　运营规则

1. 当年开始

每年年初(除第一年外)，根据上年公司所有人员的效益总量，将效益作为收入注入总资金中。

2. 人员流入

根据市场平均薪资排名，排名靠前有优先选择权。流入人员为上年流失员工和辞退员工，每期员工流入总人数不得超过现有人数。

3. 组织结构变更

(1) 每周期第一年可进行组织结构变更，初创期人员由教师设定，不存在组织结构变更。

(2) 每周期第一年公司可以进行新增人员，成长期最多增加 12 人，成熟期最多增加 20 人。成长期人员总数为 16～23 人，成熟期人数为 25～35 人，衰退期为 18～22 人。

(3) 只进行专员级别的新增，新增人员需要支付成本，每新增一个员工花费 200 元。

(4) 新增人员时，可根据能力值排名定岗，排名越靠前，该能力越高，同一个员工可被多个公司同时选择。

4. 绩效诊断评估

进行诊断评估需支付 500 元费用，可随时查看员工的能力值。

5. 制定绩效目标

(1) 设定公司绩效目标

根据当年员工年初的能力值以及每一年度的绩效增长率制定合理范围内的公司绩效目标值。

(2) 设定部门绩效目标

根据公司制定的绩效目标值设定部门绩效目标值。

(3) 设定员工绩效目标

根据部门制定的绩效目标值设定员工绩效目标值。

6. 自我提升

自我提升会对人员的绩效值产生一定的影响，具体公式如下：

自我提升后绩效值=员工年初始绩效×(1+自我提升率)

自我提升率=$-(目标绩效增量比重-0.2)^2+0.04$

自我提升率最低为-0.3

目标绩效增量比重=目标绩效增加量/本年员工初始绩效

7. 选择考核方法

每一种考核方法都会对人员的能力产生一定的影响，每个公司只能选择一种考核方法，并支付相应费用，如表 8-7 所示。

表8-7　绩效考核方法效益提升率

考核方法	人事管理能力	生产能力	研发能力	销售能力	财务管理能力	团队协作能力	创新能力	工作态度	费用
平衡级分卡	20%	25%	20%	18%	20%	21%	18%	-8%	4000
关键绩效指标法	15%	30%	14%	20%	10%	-5%	16%	16%	3000
目标管理法	20%	18%	-10%	12%	12%	16%	10%	8%	3000
360度绩效考核法	16%	20%	14%	15%	18%	16%	-8%	8%	2500
配对比较法	-8%	8%	10%	14%	10%	8%	-5%	12%	2000
强制分布法	16%	14%	-6%	12%	15%	-10%	8%	6%	2000
行为锚定等级考核法	14%	10%	10%	12%	14%	-6%	-5%	10%	2500
行为观察量表法	14%	15%	8%	-8%	10%	12%	-6%	12%	2200
关键事件法	8%	10%	14%	18%	8%	-10%	14%	0%	2000

8. 招募专家小组

(1) 招募费用

每位学生可选择 3 位意向专家，并输入聘请费用，聘请费用不得低于 2000 元。聘请结束后，支付相应的聘请费用。从第二年开始，如果公司要继续聘请上一年聘请过的专家，当年聘请费用=当年需支付的聘请费用+上年度聘请费用×20%。

(2) 招募专家效果

每位专家都能够对某两种考核方法的实施过程提供帮助，从而使该考核方法的效果增加相应的比例。

(3) 招募结果判定

如多个学生同时选择该名专家且费用不同，则比较费用，费用较高者，优先获得该专家；如费用相同，则比较提交时间。如该名学生选择了三名专家，也没有其他人相互竞争，且费用相同，则获得能够提高考核方法效果更高的专家；如费用不同，则获得聘请费用较高的专家。

每个小组每年最多招聘一位专家，如表 8-8 所示。

表8-8 专家绩效提升率

	考核方法	平衡计分卡法	关键绩效指标法	目标管理法	360度绩效考核法	配对比较法	强制分布法	行为锚定等级考核法	行为观察量表法	关键事件法
专家小组编号	1	25%	20%							
	2		20%				20%			
	3				25%	20%				
	4				21%					18%
	5			22%			17%			
	6	22%							16%	
	7			17%				17%		
	8		21%					19%		
	9	18%				18%				
	10				18%				15%	
	11			22%						16%
	12		19%					15%		
	13	20%					19%			
	14				25%					17%
	15			17%	18%					
	16		19%					21%		
	17	21%		23%						
	18						25%		17%	
	19							22%		20%
	20		21%			23%				

9. 实施绩效考核

绩效考核方法和专家小组法都会对绩效考核结果产生一定的影响。不同的考核周期应选择适合公司发展的方法，因此不同方法在不同周期的效果是不同的，如表 8-9 所示。具体公式如下：

员工绩效考核后的绩效值=本年员工考核能力自我提升后的绩效值×(1+工作态度等辅助能力加成率)×[1+所选绩效考核方法绩效提升率×(1+专家提升率)×考核效果周期变化系数]

表8-9 工作态度等辅助能力加成

	90～100分	80～90分	70～80分	60～70分	60以下
工作态度	五项工作能力提升2%	五项工作能力提升1%	没有改变	五项工作能力下降1%	五项工作能力下降2%
创新能力	研发能力提升3%；其他四项工作能力提升2%	研发能力提升2%；其他四项工作能力提升1%	没有改变	研发能力下降2%；其他四项工作能力下降1%	研发能力下降3%；其他四项工作能力下降2%
团队协作能力	总经理和部门经理的五项工作能力提升3%；专员的五项能力提升2%	总经理和部门经理的五项工作能力提升2%；专员的五项能力提升1%	没有改变	总经理和部门经理的五项工作能力下降2%；专员的五项能力下降1%	总经理和部门经理的五项工作能力下降3%；专员的五项能力下降2%

10. 绩效反馈面谈

根据每个员工的绩效目标和绩效考核结果，选择一种绩效反馈面谈方法进行反馈面谈管理，并支付相应费用，如表8-10所示。绩效反馈面谈对员工能力的影响在下一年体现。具体公式如下：

员工绩效反馈面谈绩效值=本年员工绩效考核后的绩效值*绩效反馈面谈提升率

表8-10 绩效反馈面谈绩效提升率

	人事管理能力	生产能力	研发能力	销售能力	财务管理能力	团队协作能力	创新能力	工作态度	费用
BEST法	8%	7%	5%	6%	-4%	0%	8%	8%	300
汉堡法	0%	10%	6%	0%	6%	-3%	5%	10%	300
单向劝导式面谈法	-4%	8%	0%	10%	10%	8%	-2%	0%	250
双向倾听式面谈法	6%	0%	9%	-2%	-2%	10%	6%	6%	250
综合式面谈法	8%	7%	5%	6%	-4%	0%	8%	8%	200
解决问题式面谈法	0%	-1%	1%	1%	4%	-2%	-2%	-1%	200

11. 绩效改进

根据每个员工的绩效目标和绩效考核结果，选择一种绩效改进方法进行绩效管理，并支付相应费用，如表 8-11 所示。绩效改进对员工能力的影响在下一年体现。具体公式如下：

员工绩效改进绩效值=员工绩效反馈后绩效值×绩效改进提升率

表8-11 绩效改进后绩效提升率

	人事管理能力	生产能力	研发能力	销售能力	财务管理能力	团队协作能力	创新能力	工作态度	费用
卓越绩效模式	8%	7%	5%	6%	-4%	0%	8%	8%	500
六西格玛管理	0%	10%	6%	0%	6%	-3%	5%	10%	200
标杆超越法	-4%	8%	0%	10%	10%	8%	-2%	0%	300
ISO 质量管理体系	6%	0%	9%	-2%	-2%	10%	6%	6%	200

12. 绩效结果应用

通过比较实际的绩效结果和设定的绩效目标值，做出相应的奖惩措施。如实际绩效完成额超过目标值 10%及以上，则薪酬上升一位，增加 1%的自我提升系数；如实际绩效完成额达到目标值，则增加 0.5%的自我提升系数；如实际绩效完成额达到目标绩效的 80%，则没有任何变化；如实际绩效完成额达到绩效目标的 70%，则扣罚 500 元；如实际绩效完成额低于绩效目标值的 70%，则薪酬等级降低一位，并减少 0.5%的自我提升系数。薪酬等级和自我提升系数在下一年体现，奖金本年年末发放，如表 8-12 所示。

表8-12 绩效结果应用

评定标准	薪酬等级变化	自我能力提升	奖惩情况
绩效达成超过目标值 10%及以上	上升一位	增加相应的能力值的员工自我提升系数 1%	无
绩效达到目标值	不变	增加相应的能力值的员工自我提升系数 0.5%	奖金 500 元
绩效目标完成 80%	不变	不变	无
绩效目标完成 70%	不变	不变	扣发 500 元
绩效目标完成低于 70%	降低一位	减少相应的能力值的员工自我提升系数 0.5%	无

13. 岗位轮换

当员工能力值达到要求时，可将该岗位人员换至另一个岗位，并支付岗位轮换费用200元。专员级轮换岗位，相应岗位能力值需达到60，经理级轮换岗位，相应岗位能力值需达到80，否则无法进行岗位轮换。岗位轮换在下一年体现，轮换后薪资按照新的岗位工资标准发放。

14. 支付薪酬

根据薪酬等级表和奖惩情况，支付员工年度薪酬和奖金。

15. 辞退员工

根据绩效结果，可辞退本年实际绩效完成额低于绩效目标值40%的员工。

辞退员工需要向员工支付经济补偿费。具体公式如下：

经济补偿费=员工月工资×(1+工作年限)

16. 员工流失

员工流失是将所有公司里同一职位的员工进行比较，然后对该员工的相对绩效价值进行排序，排序后50%的员工作为候选流失人群。再对所有同一职位员工的薪酬进行排序，取中位数，如果薪酬低于中位数50%，同时又属于候选流失人群，则会流失。

注：只进行专员级员工流失，当年涨工资的员工不会流失，若降薪之后的工资水平仍高于同等职位市场薪酬水平中位数的120%，则不会流失。

相对绩效价值=员工获得的薪酬/本年员工的绩效

17. 人员效益

人员效益为上年未流失前所有员工产生的效益值总量(以初创期为例)，如表8-13及表8-14所示。

总经理效益值总量=[(∑人事管理能力×10%+∑生产能力×25%+∑研发能力×30%+∑销售能力×20%+∑财务管理能力×15%)×70%+∑团队协作能力×10%+∑创新能力×15%+∑工作态度×5%]×10000(倍数)

其他部门员工效益值总量=(∑与部门相对应的工作能力×70%+∑团队协作能力×10%+∑创新能力×15%+∑工作态度×5%)×1000

表8-13 总经理工作能力占比

	人事管理能力	生产能力	研发能力	销售能力	财务管理能力
初创期	10%	25%	30%	20%	15%
成长期	15%	25%	20%	25%	15%
成熟期	15%	25%	15%	25%	20%
衰退期	20%	20%	10%	20%	30%

表8-14 人员能力占比

	工作能力	团队协作能力	创新能力	工作态度
初创期	70%	10%	15%	5%
成长期	75%	10%	10%	5%
成熟期	75%	5%	10%	10%
衰退期	65%	10%	5%	20%

18. 当年结束

当年结束显示得分和排名，其中各项指标的计算公式如下。

$$得分 = 利润 \times \frac{所有员工能力增长值}{绩效费用} \times 绩效目标完成度$$

利润=年末员工流失前所有员工产生的效益总和-当年所有资金流出

绩效费用包括绩效诊断费用、选择绩效考核方法费用、专家小组招募费用、绩效改进费用、绩效反馈面谈费用。

绩效目标完成度=实际企业绩效增长值/计划企业绩效增长值

实际企业绩效增长值=绩效考核后的绩效总和-上年年末员工绩效总和

计划企业绩效增长值=本年制订的绩效计划总和-上年年末员工绩效总和

8.3 综合实训

绩效管理专业技能实训系统中的实战是引入人力资源管理沙盘的设计思想，主要目的是将绩效管理化抽象为具体，让学生亲身体验复杂和抽象的绩效管理。通过参与、体验、实践型的教学模式，增加教学的趣味性，提高学生的学习兴趣，使学生对绩效管理有一个初步的认识。

公司的正常运营是人、财、物等各方面运作和管理的综合，绩效管理专业技能实训系统中公司运营依赖于绩效管理，缩小了其他事务对公司运营的影响。在综合实训中，学生将分为若干小组，每组即代表一个公司绩效主管，模拟公司四个生命周期的运营。基于不同周期的绩效管理战略目标，学生需遵循公司的宗旨及发展目标，结合公司的发展现状及背景，按照绩效管理流程，严格遵循规则，完成员工的绩效管理工作。

登录网址，输入账号和密码，选择学生端口，进入"绩效管理专业技能实训系统"。单击实战系统，如图 8-2 所示。

图8-2　绩效管理专业技能实训系统

8.3.1　实训界面

实训前，熟悉规则和背景案例，进入实训界面后，根据对规则的解读以及对案例的理解程度，填写实训思路，如图 8-3 所示。

图8-3　实战训练思路

左侧栏包括用户名、班级、学号、经费、时间、状态等基本信息。时间分为四大周期：初创期、成长期、成熟期、衰退期，具体年限由教师设定。绩效提升率参数包括绩效考核法、绩效反馈面谈法、绩效改进法等方法，每一种方法都会对人员的能力产生一定的影响，并需要支付相应的费用。公司绩效增长率参数显示每一年公司计划绩效增长率，学生可根据此增长率确定公司绩效目标。所有参数可在教师端进行修改调整，如图8-4所示。

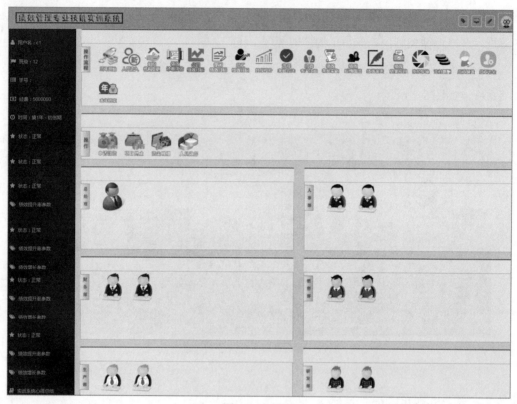

图8-4　主界面

主界面上方显示绩效管理的操作步骤，按年运营。界面中央的操作包括申请融资、项目终止、资金明细和人员效益。当经费不足时，可向教师申请融资；当经费不足，又不允许融资时，可单击项目终止，向教师申请破产；资金明细显示的是操作过程中经费的支出与收入；初始效益显示的是初始人员给公司带来的效益，当人员能力提升或降低时，效益值也随之而变。主界面下方显示公司部门和初始人员，当年开始操作步骤后，小人信息显示薪酬、岗位和各能力值，如图8-4和图8-5所示。

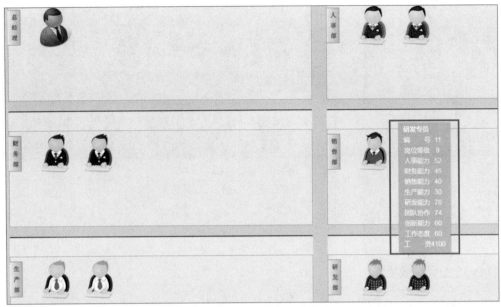

图8-5 人员信息

8.3.2 当年开始

当年开始是实训操作步骤的第一步,单击"当年开始",绩效管理专业技能综合实训的第一年正式开始,如图 8-6 所示。

图8-6 当年开始

8.3.3 绩效诊断

在制订绩效计划前,需分析引起各种绩效问题的原因,以便更好地帮助员工制订绩效改善计划。在实训中单击"绩效诊断评估"按钮,进行绩效诊断,显示人员初始能力。若不想支付诊断费用,可放弃该操作,放弃后将无法查看。当人员能力因自我提升、绩效考核有所改变时,可实时查看绩效诊断。绩效反馈面谈和绩效改进结果只能在下一年时付费查看,如图 8-7 所示。

图8-7　绩效诊断

8.3.4　设定绩效目标

1. 设定公司绩效目标

根据公司绩效增长率，确定公司绩效目标值，如图 8-8 所示。实训中能力与绩效挂钩，因而制定目标值时可依据能力而来。公司初始人员有 11 人，根据规则可知，团队协作能力、创新能力、工作态度是每个人都需具备的基本能力，所以团队协作能力、创新能力、工作态度目标值为该能力总和*(1+绩效目标增长率)。人事管理能力、生产能力、研发能力、销售能力、财务管理能力是该岗位的人员和总经理应具备的能力，所以，以上 5 项能力目标值为(该岗位员工能力总和+该项总经理能力)*(1+绩效目标增长率)。

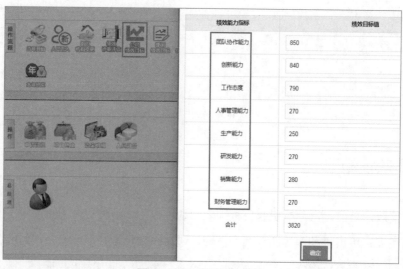

图8-8　设定公司绩效目标

2. 设定部门绩效目标

把公司绩效目标分解到各个部门，即各部门绩效之和等于公司绩效目标，如图 8-9 所示。

部门									

图8-9 设定部门绩效目标

部门	团队协作能力	创新能力	工作态度	人事管理能力	生产能力	研发能力	销售能力	财务管理能力
总经理	95	90	95	95	75	80	95	85
人事部	140	140	130	175	--	--	--	--
财务部	165	150	130	--	--	--	--	185
销售部	155	160	160	--	--	--	185	--
生产部	145	150	130	--	175	--	--	--
研发部	150	150	145	--	--	190	--	--
合计	850	840	790	270	250	270	280	270

图8-9 设定部门绩效目标

3. 设定员工绩效目标

设置完部门绩效目标后，需把部门绩效分解到各个员工手上。当鼠标指针放在填写框的时候，会显示相关能力值，例如把鼠标指针放在人事部团队协作能力填写框中，显示当前该人员团队协作能力为 79，人事部团队协作绩效目标总和为 140，人事部总绩效目标为 585。根据部门绩效目标设定员工个人绩效，所有员工的绩效之和要等于公司工作能力绩效指标；各部门员工的当前填写目标值要等于部门绩效指标，如图 8-10 所示。

部门	岗位	编号	团队协作能力	创新能力	工作态度	人事管理能力	生产能力	研发能力	销售能力	财务管理能力
总经办	总经理	1	95	90	95	95	75	80	95	85
人事部	人事经理	2	70	70	65	90	--	--	--	--
人事部	人事专员	7	70	70	65	85	--	--	--	--
财务部	财务经理	3	80	85	60	--	--	--	--	90
财务部	财务专员	9	85	65	70	--	--	--	--	95
销售部	销售经理	4	70	80	90	--	--	--	95	--
销售部	销售专员	8	85	80	70	--	--	--	90	--
生产部	生产经理	5	65	80	65	--	90	--	--	--
生产部	生产专员	10	80	70	65	--	85	--	--	--
研发部	研发经理	6	70	90	80	--	--	100	--	--
研发部	研发专员	11	80	60	65	--	--	90	--	--
合计			850	840	790	270	250	270	280	270

图8-10 员工绩效目标设定

8.3.5 自我提升

通过组织内部的激励机制，激发员工的主动性和积极性，促使员工提升技能水平，进而提升个人和组织绩效。在实训中，自我提升只提升总经理的能力和员工所在岗位的专业能力。其中，蓝色箭头表示通过一些措施该员工的绩效有所上升或下降，如图8-11所示。

岗位	编号	人事管理能力	生产能力	研发能力	销售能力	财务管理能力	团队协作能力	创新能力	工作态度
总经理	1	92↑	72↑	76↑	94	84	92↑	86↑	92↑
人事经理	2	86↑	35	55	38	44	69	69	62↑
财务经理	3	45	54	34	30	84↑	72↓	82↑	60
销售经理	4	34	43	50	92↑	58	63↑	73↑	86↑
生产经理	5	38	85↑	57	53	44	64↑	80	62↑
研发经理	6	59	56	99	43	35	67↑	93↓	78↑
人事专员	7	82↑	34	40	47	39	74↓	62↑	62↑
销售专员	8	41	44	45	81↑	40	68↑	78↑	62↑
财务专员	9	39	55	50	36	90↑	86	62↑	74↓
生产专员	10	60	78↑	41	55	36	76↑	62↑	62↑
研发专员	11	52	30	81↑	40	45	76↑	60	62↑

图8-11　自我提升

8.3.6 绩效考核

有效的绩效考核能够帮助员工和企业达成绩效目标。在实训中，共有9种绩效考核方法，选择不同的方法所产生的影响不同。绩效考核只考核总经理和员工所在岗位的专业能力。例如，选择360度绩效考核法进行绩效考核，主要考核生产人员的生产能力、销售人员的销售能力、财务人员的财务能力，以此类推，如图8-12所示。

	考核方法	人事管理能力	生产能力	研发能力	销售能力	财务管理能力	团队协作能力	创新能力	工作态度	所需费用
● 选择	360度绩效考核	16%	20%	14%	15%	18%	16%	-8%	8%	2500元
○ 选择	配对比较法	-8%	8%	10%	14%	10%	8%	-5%	12%	2000元
○ 选择	关键事件法	8%	10%	14%	18%	8%	-10%	14%	0%	2000元
○ 选择	BSC	20%	25%	20%	20%	20%	21%	18%	-8%	4000元
○ 选择	强制分布法	16%	14%	-6%	12%	15%	-10%	8%	6%	2000元
○ 选择	行为锚定等级考核法	14%	10%	10%	12%	14%	-6%	-5%	10%	2500元
○ 选择	MBO	20%	18%	-10%	12%	12%	16%	10%	8%	3000元
○ 选择	行为观察量表法	14%	15%	8%	-8%	10%	12%	-6%	12%	2200元
○ 选择	KPI	15%	30%	14%	20%	10%	-5%	16%	16%	3000元

图8-12　绩效考核

8.3.7 招募专家小组

绩效专家有助于完善和优化公司绩效管理政策及制度，推动公司及各业务绩效管理的有效落地，为公司绩效管理的实际问题提供专业支持。在本实训中，每位绩效专家都能够对某两种考核方法的实施过程提供帮助，从而使该考核方法的效果增加相应的比例。

前一步骤，选择 360 度绩效考核方法，此时，专家可选 3 号、4 号、10 号、14 号，如图 8-13 所示。

	专家编号	BSC	KPI	MBO	360	配对比较法	强制分布法	行为锚定等级考核法	行为观察法	关键事件法	招募金额
选择 ✓	3	--	--	--	25 %	20 %	--	--	--	--	3000
选择 ✓	4	--	--	--	21 %	--	--	--	--	18 %	2000
选择	5	--	--	22 %	--	--	17 %	--	--	--	招募金额/¥
选择	6	22 %	--	--	--	--	--	--	17 %	--	招募金额/¥
选择	7	--	--	17 %	--	--	--	17 %	--	--	招募金额/¥
选择	8	--	21 %	--	--	--	--	19 %	--	--	招募金额/¥
选择	9	18 %	--	--	--	18 %	--	--	--	--	招募金额/¥
选择 ✓	10	--	--	--	18 %	--	--	--	15 %	--	2000
选择	11	--	--	22 %	--	--	--	--	--	16 %	招募金额/¥
选择	12	--	19 %	--	--	--	--	15 %	--	--	招募金额/¥
选择	13	20 %	--	--	--	--	19 %	--	--	--	招募金额/¥
选择 ✓	14	--	--	--	25 %	--	--	--	--	17 %	3000
选择	15	25 %	20 %	--	--	--	--	--	--	--	招募金额/¥
选择	16	--	19 %	--	--	--	--	21 %	--	--	招募金额/¥
选择	17	21 %	--	23 %	--	--	--	--	--	--	招募金额/¥
选择	18	--	--	--	--	--	25 %	--	17 %	--	招募金额/¥
选择	19	--	--	--	--	--	--	22 %	--	20 %	招募金额/¥
选择	20	--	21 %	--	--	23 %	--	--	--	--	招募金额/¥

图8-13　专家招募

该步骤为同步点，根据规则，选择专家后提交，等待其他学生操作到该步骤，如图 8-14 所示。

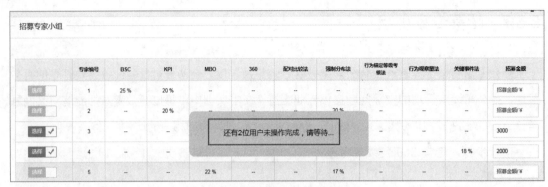

图8-14 专家招募同步点

8.3.8 实施绩效考核

绩效考核实施结果中，员工绩效增长量和专家小组的绩效增长共同计算，如图8-15所示。计算公式见规则。

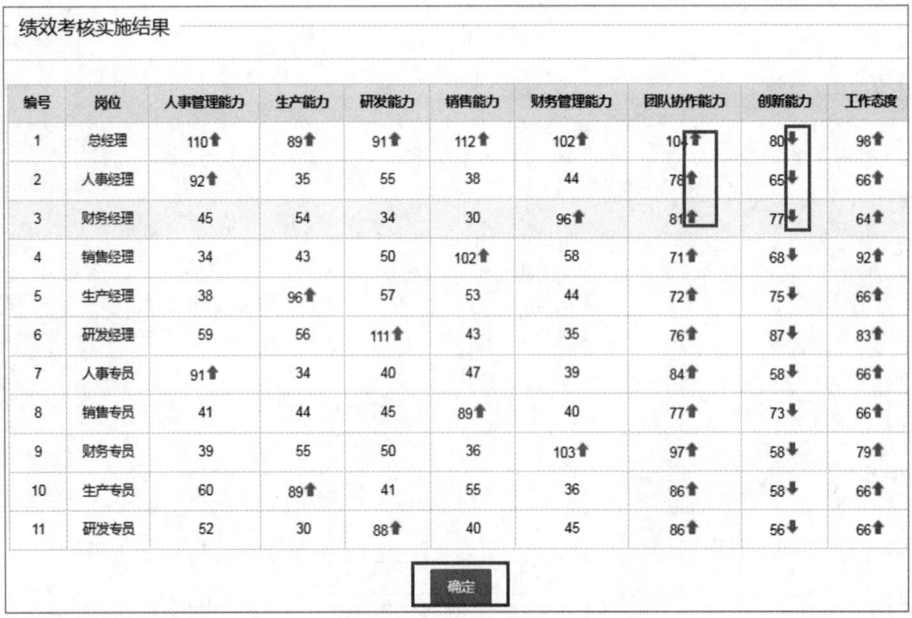

图8-15 实施绩效考核

8.3.9 绩效反馈面谈

根据每个员工的绩效目标和绩效考核结果，选择一种绩效反馈面谈法进行反馈面谈管理。例如，当前创新能力不理想，从规则中了解可知，BEST 法和综合式面谈法对创新能力提升效果最好。因此，选择 BEST 法或者综合式面谈法进行绩效反馈面谈，如图 8-16 所示。

图8-16　绩效反馈面谈

8.3.10　改进绩效

根据每个员工自己的绩效目标和绩效考核结果，选择一种绩效改进方法进行绩效管理。例如，人事专员和人事经理还未达到绩效目标，从规则中了解可知，卓越绩效模式对创新能力提升效果最好。因此，选择卓越绩效模式进行绩效改进，如图 8-17 所示。

图8-17　绩效改进

8.3.11　应用绩效结果

依据绩效结果是否达到目标值进行员工评级，如图 8-18 所示。

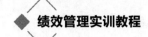

序号	编号	岗位	薪资等级	人事能力	生产能力	研发能力	销售能力	财务能力	团队协作	创新能力	工作态度	薪酬	奖励绩效	提升系数
1	1	总经理	17	110	89	91	112	102	104	80	98	9400	0	0%
2	2	人事经理	15	92	35	55	38	44	78	65	66	7000	500	0.5%
3	3	财务经理	15	45	54	34	30	96	81	77	64	7000	500	0.5%
4	4	销售经理	15	34	43	50	102	58	71	68	92	7000	500	0.5%
5	5	生产经理	15	38	96	57	53	44	72	75	66	7000	500	0.5%
6	6	研发经理	15	59	56	111	43	35	76	87	83	7000	500	0.5%
7	7	人事专员	9	91	34	40	47	39	84	58	66	4100	500	0.5%
8	8	销售专员	9	41	44	45	89	40	77	73	66	4100	0	0%
9	9	财务专员	9	39	55	50	36	103	97	58	79	4100	500	0.5%
10	10	生产专员	9	60	89	41	55	36	86	58	66	4100	500	0.5%
11	11	研发专员	9	52	30	88	40	45	86	56	66	4100	0	0%

图8-18 绩效结果应用

8.3.12 岗位轮换

岗位轮换是指公司从组织内部岗位设计以及业务发展的需要出发,依据员工的能力状况,让员工去关联岗位轮换、担任若干种不同工作的做法。岗位轮换经常被视为一种人才培养的方式,也是企业内部人员调配的常见手段。

在实训时,根据公司经营与管理的需要,只要员工能力达到轮换标准,就可将该岗位的人员换至另一个岗位,如图 8-19 所示。

序号	员工岗位	人事能力	财务能力	销售能力	生产能力	研发能力	轮换岗位	轮换费用/¥
1	人事经理	92	44	38	35	55	请选择	200元
2	财务经理	45	96	30	54	34	请选择	200元
3	销售经理	34	58	102	43	50	请选择	200元
4	生产经理	38	44	53	96	57	请选择	200元
5	研发经理	59	35	43	56	111	请选择	200元
6	人事专员	91	39	47	34	40	请选择	200元
7	销售专员	41	40	89	44	45	请选择	200元
8	财务专员	39	103	36	55	50	请选择	200元
9	生产专员	60	36	55	89	41	人事专员	200元
10	研发专员	52	45	40	30	88	请选择	200元

图8-19 岗位轮换

8.3.13 支付薪酬

薪酬是人力成本的重要组成部分。不进行一定的人力成本的投入，企业难以获得理想的利润。而人力成本过高，又没有产生应有的效益，则企业利润同样缺乏保障。在本实训中，系统参照事先设置的各类人员薪酬水平，以部门为单位按年度结算，支付全部人员的薪酬和奖金，如图 8-20 所示。

部门	年度薪酬/元	获得奖金/元	扣罚工资/元
总经理	112800	0	0
人事部门	182400	1500	0
财务部门	133200	1000	0
销售部门	133200	500	0
生产部门	84000	500	0
研发部门	133200	500	0
总计	778800	4000	0

图8-20　薪酬支付

8.3.14 员工辞退

根据员工当年绩效目标完成情况，可选择辞退当年绩效完成额低于目标值 40%的员工，如图 8-21 所示。

	序号	编号	员工岗位	工资	工作年限
☐	1	6	研发经理	7000	1
☐	2	4	销售经理	7000	1
☐	3	7	人事专员	4100	1
☐	4	3	财务经理	7000	1
☐	5	2	人事经理	7000	1
☐	6	10	人事专员	4100	1
☐	7	8	销售专员	4100	1
☐	8	11	研发专员	4100	1
☐	9	5	生产经理	7000	1
☐	10	9	财务专员	4100	1

图8-21　员工辞退

8.3.15 员工流失

根据规则,每年年末有些公司可能会出现不同程度的人员流失情况。人员流失程度影响到公司的整体人力资源结构,进而直接影响公司的组织结构。在本实训中,流失是一个同步点,需等待其他人员到达该步骤,如图 8-22 所示。

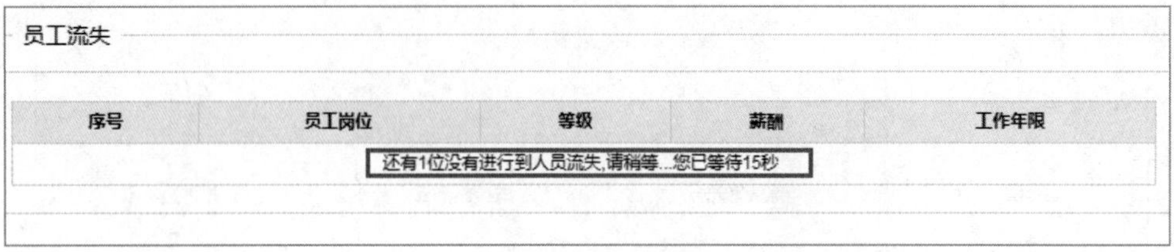

员工流失				
序号	员工岗位	等级	薪酬	工作年限
	还有1位没有进行到人员流失,请稍等...您已等待15秒			

图8-22 流失同步点

流失与员工的相对绩效价值和薪酬排序有关,如图 8-23 所示。

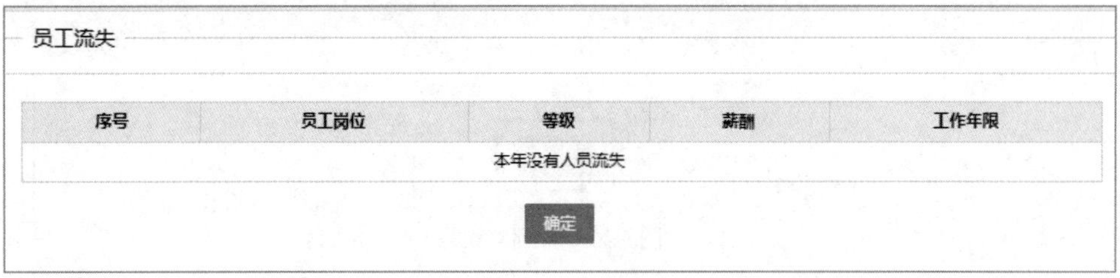

员工流失				
序号	员工岗位	等级	薪酬	工作年限
		本年没有人员流失		

确定

图8-23 人员流失

8.3.16 当年结束

当年结束,系统同步,所有人进入后,显示得分和排名。本实训系统借鉴了人力资源管理沙盘模拟的教学理念,在一年结束后,对各小组的绩效管理成效进行综合排名,如图 8-24 所示。

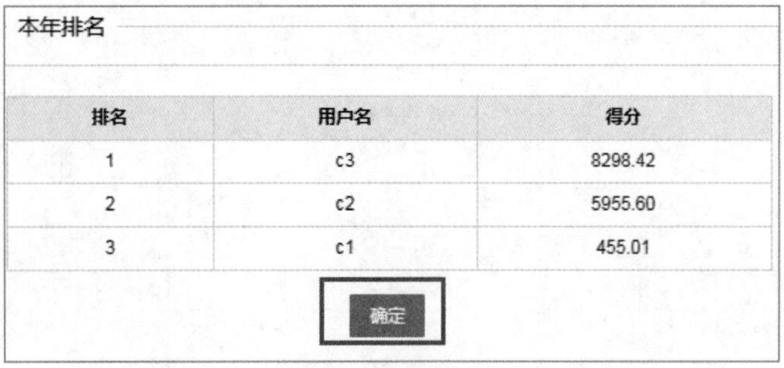

本年排名		
排名	用户名	得分
1	c3	8298.42
2	c2	5955.60
3	c1	455.01

确定

图8-24 当年结束

8.3.17 其他步骤

除以下步骤之外，其余操作与第一年相同，详见规则。

1. 下年开始

单击"当年开始"按钮，下一年正式开始。在每年年初(除第一年外)，根据上年公司所有人员的效益总量，将效益作为收入注入总资金中，如图 8-25 所示。

图8-25 下年开始

2. 人员流入

人员流入是公司增加人员的方法(除第一年外)，从市场中选择合适的人员，根据规则进行人员流入，如图 8-26 所示。

序号	员工岗位	人事能力	财务能力	销售能力	生产能力	研发能力	团队协作	创新能力	工作态度	工资	操作
1	人事经理	92	44	38	35	55	78	65	66	7000	选择 ✓
2	销售经理	34	58	102	43	50	71	68	92	7000	选择 ✓
3	研发专员	52	45	40	30	88	86	56	66	4100	选择
4	研发专员	52	45	40	30	84	81	58	66	4100	选择
5	人事专员	91	39	47	34	40	84	58	66	4100	选择
6	财务专员	39	103	36	55	50	87	58	79	4100	选择 ✓
7	财务经理	45	96	30	54	34	81	77	64	7000	选择
8	销售专员	41	40	89	44	45	77	73	66	4100	选择
9	财务专员	39	103	36	55	50	97	58	79	4100	选择 ✓
10	研发经理	59	35	43	32	111	76	87	83	7000	选择
11	生产经理	38	44	53	96	57	72	75	66	7000	选择
12	生产专员	60	36	55	89	41	86	58	66	4100	选择

图8-26 人员流入

3. 组织结构变更

除初创期之外，其余周期的第一年可以进行组织结构变更。组织结构变更中，员工能力排序为降序，1 表示该项能力最高，8 表示该项能力最低，如图 8-27 所示。

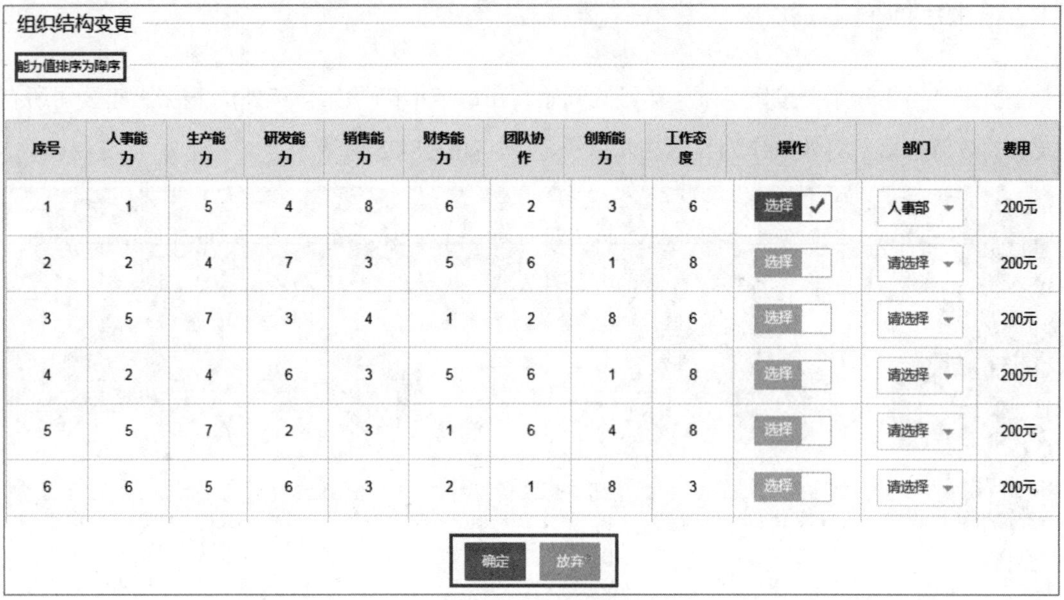

序号	人事能力	生产能力	研发能力	销售能力	财务能力	团队协作	创新能力	工作态度	操作	部门	费用
1	1	5	4	8	6	2	3	6	选择 ✓	人事部	200元
2	2	4	7	3	5	6	1	8	选择	请选择	200元
3	5	7	3	4	1	2	8	6	选择	请选择	200元
4	2	4	6	3	5	6	1	8	选择	请选择	200元
5	5	7	2	3	1	6	4	8	选择	请选择	200元
6	6	5	6	3	2	1	8	3	选择	请选择	200元

图8-27　组织结构变更

参考文献

[1] 方振邦. 战略性绩效管理. 北京：中国人民大学出版社，2014.

[2] 付亚和，许玉林. 绩效管理(第三版). 上海：复旦大学出版社，2013.

[3] 徐延利. 绩效管理——理论、方法、流程及应用. 北京：经济科学出版社，2011.

[4] 唐贵瑶，魏立群. 战略人力资源管理. 北京：机械工业出版社，2018.

[5] 罗伯特·S·卡普兰，大卫·S·诺顿，著. 平衡计分卡——化战略为行动. 刘俊勇，孙薇，译. 广州：广东经济出版社，2013.

[6] 兰兰，李彩云. 绩效管理理论与实务[M]. 北京：清华大学出版社，2017.

附录

绩效案例

一、公司简介

辉煌计算机公司成立于 2002 年，公司总部位于上海市张江高科技园区，是一家专业从事嵌入式工业计算机和自动化控制系统的高科技公司。公司具有较强的设计、研发和生产能力，可为用户提供嵌入式计算机系统产品设计、开发、系统集成、自动化工程实施等服务。公司自成立以来，在嵌入式计算机系统及自动化控制领域取得了骄人的业绩，成为在该领域具有较强影响力的公司。秉承"专业是基础、服务是保证、质量是信誉"的经营宗旨，辉煌计算机公司凭借可靠的产品质量和完善的售后服务，赢得了广大用户的认可，产品应用涵盖公共交通、电力、军工、金融、网络安全、船舶制造、医药器械、数控、仪表、科研等行业，并连续多年成为地铁和军工科研单位嵌入式计算机产品指定供应商。随着公司的发展，目前已有自主品牌的四个系列(工业级平板电脑 4 款、工作站 4 款、平板显示器 6 款和 BOX PC5 款)近 20 款产品投入批量生产。

如今，辉煌计算机公司正处于蓬勃发展的阶段，市场口碑及销售业绩很好，企业管理规范，商业经验丰富。2017 年，公司在全国各地的总销售额突破亿元，且新研发的 12 项新产品是同类产品中的佼佼者。然而，辉煌计算机公司也面临着来自上海张江高科技园区、北京中关村高科技园区及广东、深圳地区等大公司的激烈竞争。提升经营定位，扩大市场份额，提高盈利能力，保持公司的竞争优势，从而延长公司的成熟期是公司进一步发展的战略目标。

二、绩效计划

辉煌计算机公司下设研发部、采购部、生产部、销售部、人事部、财务部等部门。2018年初，辉煌公司针对公司的战略目标和各部门的发展要求制定了相应的绩效目标，帮助各部门和雇员对未来发展进行自我监控。

对于辉煌计算机公司来讲，提升销售收入，提高利润率是其首要目标，在经营过程中要注重毛利率的提升和费用的降低，从而增强盈利能力。公司计划在新一年扩大销售，销售总额比上年提升5%，毛利率也提升5%。

公司十分注重品牌的维护和公司形象的塑造，致力于为客户提供更多更好的服务，减少客户投诉率，提升客户的满意度和忠诚度，维持现有客户并不断开发和拓展新的客户，使公司在行业中占有更大的市场份额。

对于企业的产品，既要把产品的生产效率提高8%以上，又要保证产品的高质量，在产品的抽样检测时，合格率在95%以上。同时要注重研发部的队伍建设，要从不同渠道招聘更多的研发人才，帮助研发新产品、更新老产品。

在谋求外部发展的同时，公司还注重内部员工的和谐相处和团队建设。在提升当前经营水平的同时，公司也关注管理者和员工的学习与成长，公司要求管理者参加管理者培训项目，以不断提升自己的领导能力、创新能力和决策能力。公司每年为员工组织的各类培训不少于10次，以提高员工的工作能力和业务技能。辉煌公司通过组织各类团建活动和员工培训，塑造和传播企业文化，提升企业凝聚力，增强员工对企业的认同感和归属感。

三、绩效监控

辉煌公司在初创时对员工的管理较为松散，之后公司财务上出现了困境，局面开始有了大改变。原先那个自由派风格的董事长虽然留任，但公司聘任了一位新的总经理李伟良。李伟良来自一家办事古板的老牌公司，他照章办事，十分传统，与辉煌公司过去的风格相差甚远。公司管理人员对他的态度是：看看这家伙能待多久？看来冲突、矛盾是不可避免的了。

第一次公司内部危机发生在新任总经理首次召开高层管理会议时，会议定于上午8点半开始，可有一个人9点钟才跌跌撞撞地进来。西装革履的李伟良眼睛瞪着迟到的人对大家说："我再说一次，本公司所有的日常公事要准时开始，你们中间谁做不到，今天下午5点之前向我递交辞职报告。你们应该忘掉过去的那一套，从今以后，就是我和你们一起干了。"到下午5点，10名高层管理人员里有2名辞职。

此后 1 个月里，公司发生了一些重大变化。李伟良颁布了几项指令性政策，使已有的工作程序做了较大的改变。一开始，他三番五次地告诫公司副总经理张忠，一切重大事务向下传达之前必须先由他审批。他指出研发、生产和销售等部门之间缺乏合作。在这些面临着挑战的关键领域，辉煌公司一直没能形成统一的战略。

李伟良还命令全面复审公司的薪酬制度并做修改，随后将全体高层管理人员的工资削减 15%，这在公司内部引起了极大的不满。对此采购部经理牢骚满腹，他说："李伟良要求我把今年原料成本削减 15%，他还以年终奖引诱我，说假如我能做到的话就给我丰厚的年终奖。但干这个活简直就不可能，从现在起，我另找出路。"

但也有持不同看法的，比如研发部经理认为："我不喜欢这里的一切，但我不想马上走，开发计算机对我来说太有挑战性了。"生产部经理虽是个不满总经理做法的人，可他的一番话颇令人惊讶："我不能说我很喜欢总经理，不过至少他给我那个部门设立的目标能够达到。当我们圆满完成任务时，李伟良是第一个感谢和表扬我们干得棒的人。"

李伟良对销售部的态度却令人不解。蒋华是负责销售的副经理，被人称为"爱哭的孩子"。以前，他每天都到总经理的办公室去抱怨和指责其他部门。李伟良采取的办法是，让他在门外静等，冷一冷他的双脚，见了他也不理会其抱怨，直接谈公司在销售上存在的问题。过了不多久，蒋华开始更多地跑基层而不是总经理的办公室了。

随着时间的流逝，辉煌公司在李伟良的领导下恢复了元气。公司管理人员普遍承认李伟良对计算机领域了如指掌，对各项业务的决策无懈可击。李伟良也渐渐地放松了控制，开始让研发部门更放手地去干事。对生产和采购部门，他仍然勒紧缰绳。公司经营发展好了，就再也听不到关于李伟良去留的流言蜚语了。

四、绩效信息收集与绩效评价

2018 年 12 月初，经过一个月的绩效信息收集，现对负责华东地区的销售人员的绩效进行评价。2018 年初对华东地区的绩效计划是本年度销售总额超过 6000 万，到目前为止销售额完成率超过 97%，其信息资料如表附 1～表附 7 所示。

表附1 员工基本情况

员工姓名	性别	入职时间	学历	工作经验
张三	男	2012.3	大专	10 年
李四	男	2015.12	本科	3 年

(续表)

员工姓名	性别	入职时间	学历	工作经验
王五	男	2013.12	本科	6年
赵六	女	2015.9	大专	4年
燕七	女	2017.9	本科	1年

表附2　公司产品熟悉度(数值代表熟悉度，1~5依次递增)

员工姓名	工业级平板电脑	工作站	平板显示器	BOX PC
张三	4	3	5	5
李四	1	1	3	3
王五	4	1	4	3
赵六	2	1	2	4
燕七	1	0	3	3

表附3　公司员工的内部人际关系

员工姓名	员工间的关系
张三	张三是公司的老员工，从总部出来，是负责华东区域的销售经理，对其他员工帮助很大
李四	李四是从别的公司跳槽过来的，自认为能力优秀，每次看到别的员工没完成业绩就喜欢哼哼几句
王五	王五是张三的老同学，在2013年落魄的时候由张三拉来公司一起工作，与其他员工的关系很好
赵六	赵六是农村出来的姑娘，有点胆小，与其他同事交流不多，但与王五关系不错，两人时常会搭档做事情
燕七	燕七是个漂亮的女孩子，2017年毕业就来到公司工作，与华东区的员工关系都不错

表附4　公司员工与外部客户关系

员工姓名	与外部客户
张三	手上最少有20位老客户，与客户间的交际比较多，时常会有应酬
李四	手上固定有4位老客户，一直认为公司产品价值高，因此不需要太维护老客户，和老客户的联系比较少

(续表)

员工姓名	与外部客户
王五	手上至少有15位老客户,由于身体欠佳,与客户间的应酬逐渐减少,而且人很直爽,有什么说什么,容易得罪客户
赵六	手上固定有7位老客户,老客户通常是由王五介绍过来,赵六负责联系,不过工作认真,客户对她的评价不错
燕七	燕七人漂亮,给她的工作加了不少分,刚开始工作就有单子来源,说话也得体,但不善于与客户应酬

表附5　业务能力上的表现

员工姓名	情况
张三	作为公司的老员工,完全能独立进行各类决策
李四	傲人一等,能自行完成决策,但有时会出现重大失误
王五	也是老员工了,决策上也完全能靠自己解决,但事关华东区的大单,还是要和张三一起决定
赵六	刚工作不久,大事情上还需要张三和王五来做决策,平常的小事能自行解决
燕七	基本上要靠张三和王五来做决策,很难自行解决

表附6　考勤表

姓名	制度工日(日)	早退、迟到(次)	旷工(日)	事假(日)	实到(日)
张三	250	5	0	2	352
李四	250	4	0	0	310
王五	250	0	2	1	332
赵六	250	0	0	1	308
燕七	250	0	0	4	305

表附7　龙虎榜

姓名	绩效额	完成额	完成率
张三	236万	224万	95%
李四	87万	62万	71%

(续表)

姓名	绩效额	完成额	完成率
王五	158万	172万	108%
赵六	56万	51万	91%
燕七	28万	36万	129%

图附1是对销售主管张三客户服务、销售能力和扩展市场等方面的绩效评价。

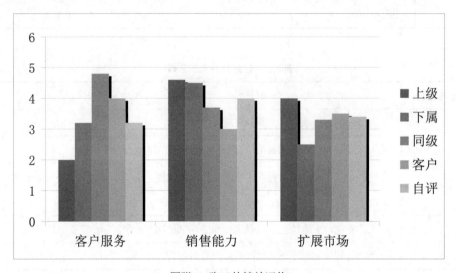

图附1　张三的绩效评价

五、绩效反馈

2018年12月30日，公司的绩效考核刚刚完成，生产部的副经理安营要找生产一部的陈非主管做一次绩效反馈面谈。

1. 预约

周四下午，安经理找到正在工作的陈主管："陈主管，明天早上9点你来我办公室做一次绩效反馈面谈。"

陈主管："安经理，明天早上？我还什么都没准备呢。"

安经理："公司要求明天中午之前结束绩效面谈的工作，之前我太忙，只能选在明天早上了。"

陈主管："好，那我明天准时到……"

2. 准备

周五之前，安经理准备了面谈可能用到的资料，并对面谈中可能会遇到的情况做了思考。由于临时接到通知，陈主管准备的资料不是很充足。

3. 面谈(周五上午8：55，陈主管走进安总办公室)

安经理：陈主管，手头事情都安排好了吗？可以开始了吗？

陈主管：好了，安总，我准备好了。

安经理：请坐！

陈主管：好的。

安经理：我们现在开始绩效面谈。绩效面谈主要是回顾全年绩效，加强交流沟通，更好地促进工作业绩的改进。

首先，我简要说一下开展绩效面谈的主要目的。我认为，通过绩效面谈，能够将你个人全年的绩效表现，包括优点和不足，都反馈给你，使你了解在过去一年中工作的得失，总结经验改进不足；通过这个沟通机会也能了解你的实际工作情况和存在的困难，便于制订绩效改进计划，商定下一个绩效管理周期的目标与考核标准。

陈主管：听了您的介绍，我对绩效面谈的认识更加深刻了。

安经理：好，下面我们从工作业绩、工作态度、工作能力和知识技能四个方面来逐项讨论。你先做一下自我评价。

陈主管：(对年度绩效简要自我评价)今年，我完善了管理制度，规范了装置的设备管理资料，加强了班组设备现场管理，加大了绩效考核力度，各项工作的开展均取得了较好效果。在规定时间内完成了上级交办的任务，并发挥技术员、班组的团队协作精神，共同搞好设备管理工作。今年设备完好率达到98%，设备管理工作多次获得公司表扬。

安经理：今年总的来说，你的绩效表现不错。在工作业绩方面有五项考核指标，其中，第三项指标设备完好率完成最好，全年累计完成98%，超额完成考核指标95%，而且比上年还提高了两个百分点，故加3分；避免了重大设备事故两起，加1分；烟机同步运行率距离考核指标的95%相差8%，这一项做得有所欠缺，不加分；在今年的几次产品质量抽查中，生产一部的平均合格率在93%，距考核目标的95%还差一点点，不加分。工作业绩考核合计加分4分。

今年，你在工作态度上表现也不错，工作积极主动，严格认真履行岗位职责，在检修期间，你长期加班加点坚守在现场，把好检修质量、施工质量关，按时保质圆满完成了装置检修任务。在公司的设备大检查中受到了表彰，这也是对你工作的肯定。

陈主管：这是我应该做的，也是我的本职工作。但是我觉得今年我还是有许多欠缺的，比如生产二部的胡森主管就有很多值得我学习的地方。他十分重视设备的维护检查，不仅完成了自己生产部的设备完好率要求，避免了两起安全事故，还帮助我们生产一部检查设备，避免了损失。我听说他还自学了设备腐蚀新知识，烟机同步运行率和产品抽查率也都达标了，我要向他多多学习。

安经理：嗯，陈主管，能够充分认识到自己与他人的差距是你不断进步的体现，今年你的整体业绩值得褒奖。与去年的你相比，我们也能明显感到你的成长，你才只有 30 岁，未来还有很大的发展空间。而且，你在工作能力和知识技能方面做得也非常好，但要注意加强与公司其他单位和职能部门的联系 (具体事例)。

陈主管：谢谢领导的指示。我会在这方面加以改进的，平时我们部门员工都埋头苦干，确实忽略了与其他部门的沟通。另外，我个人觉得设备管理知识更新快，公司设备腐蚀又有新的变化，其中细菌腐蚀也是一个新的课题。而且，对生产部员工进行这方面的培训可以提高生产效率，减少不合格率。我希望，明年能加强这方面的培训。

安经理：我们会向人事部申报明年的培训计划，尽量让培训部安排这些培训。

陈主管：谢谢领导。

安经理：按照公司的要求，年终绩效考核结果分成优秀、良好、可接受、需改进和不可接受五个等级。今年你的考核结果是良好，考核总分为 85 分，从考核结果的几个方面看，今年你的工作总体还是不错的，希望你明年继续努力。

陈主管：我会继续努力的，争取明年年终考核获得优秀。

安经理：好的，我们要根据公司下年度工作目标确定我们部门的工作任务目标，商定你所在岗位的下年度绩效考核指标。

陈主管：我觉得今年设备部长岗位的关键指标"设备完好率""烟机同步运行率""设备事故次数"等仍要作为 2019 年的年度考核指标，另外，我建议再加上两项指标：非计划停工次数为零、仪表自控率>75%。工作态度、工作能力和知识技能方面的指标可以基本不变，但要对考核标准进一步量化，以便考核。

安经理：过几天你把你个人明年的工作规划进行细化，再完善 2019 年度你所在岗位的主要考核指标和标准，我会把你"增加非计划停工和仪表自控率"两项指标的建议提交会议集体商议，再确定明年的岗位绩效考核标准。另外，你也要准备 2019 年装置设备培训计划，提高技术员和班组维护人员的技术素质。好了，今天我们的谈话就到这。我们随时保持联系。

陈主管：好的，谢谢。